Matthias Nöllke

# DU WIRST DOCH HEUTE NUR NOCH VERARSCHT

Matthias Nöllke

# DU WIRST DOCH HEUTE NUR NOCH VERARSCHT

Warum dein Auto kaputtgeht, deine Diät dich fett
macht und der Schleimer aus dem Büro nebenan
befördert wird

**riva**

**Bibliografische Information der Deutschen Nationalbibliothek:**
Die Deutsche Nationalbibliothek verzeichnet diese Publikation in der
Deutschen Nationalbibliografie. Detaillierte bibliografische Daten sind
im Internet über http://dnb.d-nb.de abrufbar.

**Für Fragen und Anregungen:**
info@rivaverlag.de

1. Auflage 2017
© 2017 by riva Verlag, ein Imprint der Münchner Verlagsgruppe GmbH
Nymphenburger Straße 86
D-80636 München
Tel.: 089 651285-0
Fax: 089 652096

Redaktion: Julia Jochim
Umschlaggestaltung: Kristin Hoffmann
Umschlagabbildung: © Dimitry Natashin/Shutterstock, © MaryM/Shutterstock
Satz: inpunkt[w]o, Haiger
Druck: GGP Media GmbH, Pößneck
Printed in Germany

ISBN Print: 978-3-86883-793-3
ISBN E-Book (PDF): 978-3-95971-062-6
ISBN E-Book (EPUB, Mobi) 978-3-95971-063-3

*Weitere Informationen zum Verlag finden Sie unter*

*www.rivaverlag.de*

Beachten Sie auch unsere weiteren Verlage unter www.m-vg.de

# Inhalt

Die wichtigen Worte vorweg … ....................................... 8

Rund um das Auto .......................................................... 11

Warum du immer das falsche Auto kaufst ........................... 12

Warum dein Gebrauchtwagen reif für den Schrottplatz ist .... 19

Warum dein Auto kaputtgeht................................................ 23

Warum die Verkehrspolizei hinter dir her ist....................... 26

Warum du nie einen Parkplatz findest ................................. 29

Warum du als Radfahrer die Arschkarte gezogen hast ........ 32

Warum du an der Ampel immer Rot hast............................... 36

Belogen im Beruf ........................................................... 39

Warum im Vorstellungsgespräch niemand die
   Wahrheit sagt ..................................................................... 41

Warum keiner einen Finger für dich krummmacht ............ 46

Warum bei Meetings niemals etwas herauskommt ............ 49

Warum alle dir die Schuld in die Schuhe schieben .............. 53

Warum der Schleimer aus dem Büro nebenan
   befördert wird.................................................................... 57

Warum die Netten immer unter die Räder kommen .......... 61

Warum alle Traumberufe die Hölle sind................................ 64

Warum du heute niemanden mehr erreichst ....................... 68

Warum du eine Wertschätzungstasse bekommst................ 72

Warum du unbezahlte Überstunden machst ....................... 75

Warum dich dein Chef doch lieber fallen lässt.................... 78

**Familie und Freunde**............................................. **81**

Warum deine Freunde immer für dich da sind,
wenn du sie nicht brauchst ............................... 82

Warum du dich immer um die schlimmsten
Familienmitglieder kümmern musst ................... 85

Warum du die Geschenke deiner Freunde niemals
brauchen kannst................................................. 87

Warum manche Freunde so geizig sind ................ 91

Warum deine Freunde es nicht möchten, dass du
Erfolg hast........................................................ 93

Warum deine Freunde hinter deinem Rücken über
dich ablästern .................................................. 95

Warum du doch wieder nichts erbst ....................... 97

**Einkaufen** .............................................................. **100**

Warum heruntergesetzte Preise immer verdächtig sind..... 101

Warum teure Produkte auch nichts taugen........................ 106

Warum du Mitglied im »Senator-Club« werden sollst ........ 109

Warum uns Schnäppchenjäger an der Nase
herumführen.................................................... 111

Warum alle Geräte kaputtgehen, sobald die
Garantie abgelaufen ist..................................... 114

Warum du immer vergisst, dein Abo zu kündigen.............. 118

Warum manche Verkäufer gar nicht nett sind..................... 121

**Gesundheit und Ernährung**................................... **126**

Warum sowieso niemand die Packungsbeilage liest
oder seinen Arzt oder Apotheker fragt ........... 128

Warum dein Arzt nie Zeit für dich hat............................... 131

Warum dein Arzt dir überflüssigen Schnickschnack
verkaufen will ........................................................................ 134

Warum dir der Notdienst auch nicht helfen kann ............... 137

Warum sich dein Schamane schon gar nicht auskennt ....... 140

Warum alle guten Köche schummeln .................................... 145

Warum dich deine Diät fett macht ........................................ 149

Warum dich Süßstoff noch fetter macht .............................. 154

Warum alle Lebensmittel schädlich sind ............................. 157

**Verarscht im Internet ..................................................... 160**

Warum du beim Online-Shopping jedes Mal die
Hosen runterlässt ................................................................... 162

Warum immer die falschen Mails in deinem
Spam-Ordner landen .............................................................. 165

Warum du deine Facebook-Freunde sperren solltest .......... 170

Warum du immer irgendeinen Müll anklicken sollst .......... 175

Warum du bei jeder Internetauktion zu viel hinblätterst ... 179

**Der ganZe Rest ............................................................... 183**

Warum alle Politiker keine Ahnung haben .......................... 184

Warum Wutbürger noch weniger Ahnung haben ................. 187

Warum du dauernd Gebühren zahlen musst ....................... 189

Warum du bei Gewinnspielen immer der Verlierer bist ...... 191

Warum alle anderen gedopt sind .......................................... 193

Warum du dein Geld immer falsch anlegst .......................... 196

Warum die Lehrer die Zukunft deiner Kinder versauen ..... 200

Warum auch Biohühner im Käfig wohnen ........................... 203

Warum wir uns alle selbst verarschen ................................. 205

# Die wichtigen
# Worte vorweg ...

Da denkst du, du hast alles richtig gemacht. Du gibst dir Mühe, bist nett zu den Leuten, informierst dich und hältst dich an die Abmachungen. Und dann? Geht alles Mögliche schief. Du rackerst dich ab, aber die anderen machen Karriere. Du kaufst Testsieger-Geräte, die nach Ablauf der Garantie die Grätsche machen. Du hungerst dich durch eine ernährungswissenschaftlich geprüfte Schlankmacherdiät und gehst auseinander wie ein stramm aufgepumpter Strandball.

Woran liegt das? Vielleicht glaubst du, es ist einfach dumm gelaufen. Etwas Unvorhergesehenes ist dazwischengekommen. Oder du hast einen Fehler gemacht. Und beim nächsten Mal, da klappt es ganz bestimmt. Doch dann geht es schon wieder schief. Und wieder. Bis du irgendwann herausfindest: Es liegt gar nicht an dir. Sondern an den anderen. Die lassen dich hängen, die tricksen dich aus. Die reden dir irgendeinen Stuss ein: Versuch doch mal dies, versuch mal jenes, bei mir hat das ganz wunderbar geklappt. Hat es aber gar nicht. Die erzählen dir das nur, um gut dazustehen. Um dich reinzulegen. Oder um dir viel Geld aus der Tasche zu leiern.

Die Wahrheit ist: Du wirst verarscht. Und weil das so gut klappt, machen das heute alle so. Na ja, fast alle. Leute wie du sind natürlich nicht so. Und Leute wie ich auch nicht (jedenfalls nicht zu dir). Nimm vielleicht noch ein paar gute Freunde dazu, nette Nachbarn, ausgewählte Familienmitglieder, gutmütige oder wenigstens kastrierte Haustiere und einige notorisch Aufrichtige, die gar nicht anders können, als ehrlich zu sein. Aber das war es dann auch schon. Alle anderen kannst du vergessen. Sie sind tagein, tagaus damit beschäftigt, dich über den Tisch zu ziehen, Mist zu bauen, dummes Zeug zu quatschen und sich hinterher rauszureden: »Nee du, das habe ich so gar nicht gesagt. Da musst du mich irgendwie missverstanden haben.«

Höchste Zeit also, dass wir uns der Sache annehmen. In diesem Buch werfen wir einen ehrlichen Blick auf die hinterhältigen Tricks der Verkäufer, die leeren Versprechungen, die ausgefuchsten und die oberplumpen Täuschungsmanöver, mit denen wir reingelegt werden sollen. Wir lüften das schmutzige Geheimnis der Leute, die beruflich an dir vorbeiziehen, die heimlich Vergünstigungen einsacken und dabei so tun, als wären sie Mutter Teresa und Mahatma Gandhi in Personalunion. Wir schauen ihnen auf die Finger, den ahnungslosen Anlageberatern, gedopten Freizeitsportlern, verlogenen Gewinnertypen, feigen Vorgesetzten und mogelnden Meisterköchen. Und ich sage es lieber gleich: Unsere Zusammenstellung ist höchst unvollständig. Du findest hier nur die Spitze des Scheißbergs, wenn ich das mal so sagen darf. Aber es ist nun einmal so: Viele, viele Menschen kommen nur halbwegs komfortabel durchs Leben, weil sie die anderen verscheißern. Auf die ehrliche Tour würden sie abstinken wie eine ungelüftete Schultoilette. Würden ihre Mitmenschen ahnen, was für unfähige, verlogene Drecksäcke sie in Wirklichkeit sind, könnten sie einpacken.

Und hier kommt unser Buch ins Spiel: Es ist kein schlecht gelauntes Motz- und Wutbuch. Es ist ein kraftspendendes Trostbuch. Ein »Smoothie für die Seele« mit einer klaren, ermutigenden Botschaft: Wenn es nicht so gut läuft, wenn ihr nicht dort steht, wo ihr eigentlich hingehört, dann könnt ihr gar nichts dafür, meine Lieben. Ihr seid einfach nur verarscht worden.

Wenn man das einmal begriffen hat, werden alle Dinge einfacher und klarer. Sonst wird uns ja ständig eingeredet, wir wären für jeden Dreck selbst verantwortlich. Ob wir karrieretechnisch durchstarten, gesund bleiben und viele Freunde finden, das hätten wir alles selbst in der Hand. Klingt erst mal ermutigend. Aber warte mal ab. Die Kehrseite ist nämlich: Wenn es nicht klappt, dann hast du versagt. Und überleg mal, was alles nicht klappt in deinem Leben, in deiner Familie, in deinem Beruf. Willst du an diesem ganzen Elend auch noch schuld sein? Da bietet unser Buch schon eine ganz andere, wesentlich überzeugendere Erklärung. In diesem Sinne wünsche ich viel Vergnügen beim Lesen.

Matthias Nöllke, München im Herbst 2016

# Rund um das Auto

Anfangen müssen wir mit dem Auto. Ganz einfach, weil es mit dem Buchstaben A beginnt. Solche Themen stehen gerne an erster Stelle. Und in diesem Buch ganz besonders. Dann können wir nämlich so tun, als wäre unser Buch irgendwie komplett. Verarschungen von A bis Z. Bis zum Z haben wir noch gut 200 Seiten Luft. Aber für das »A« gibt es kaum einen geeigneteren Kandidaten als das Auto. Denn eigentlich mögen wir unser Auto. Es ist unser Freund, unser treuer Begleiter im Straßenverkehr. Es steht geduldig mit uns im Stau. Es zischt auf der Überholspur an denen vorbei, die nicht mit uns mithalten können oder die sich feige an das Tempolimit halten. Es bringt uns zur Arbeit und wieder nach Hause, fährt vielleicht sogar mit uns in den Urlaub. Im Unterschied zum eigenen Gesicht kannst du dir dein Auto selbst aussuchen. Du entscheidest, ob du mit einem runden Babylächeln, einem selbstzufriedenen Mittelklasseschmunzeln oder mit einer fiesen Haifischfresse unterwegs sein willst. Dabei ist es natürlich kein Zufall, dass du für die Haifischfresse am meisten hinblättern musst.

Das Auto ist eine großartige Erfindung, die aus unserem Leben nicht mehr wegzudenken ist. Da kann es gar nicht ausbleiben, dass wir gerade bei diesem Thema ständig verarscht werden.

Schon beim Autokauf werden wir über den Tisch gezogen. Aber sogar wenn nicht: Autos kosten ein Schweinegeld, Autos sind gefährlich, Autos fahren gar nicht so oft, wie man immer meint. Verkehrswissenschaftler haben herausgefunden, dass ein Auto im Schnitt mehr als 23 Stunden irgendwo rumsteht und Platz wegnimmt, der in unseren engen Städten eigentlich für andere Dinge gebraucht würde. Aber auch wenn du damit rumfährst, gibt es immer wieder Ärger. Leute hupen dich an, rasten aus, benehmen sich so, als wollten sie dich töten. Da kannst du so rücksichtsvoll fahren, wie du willst. Ja, gerade die rücksichtsvollen Fahrer werden gehasst. Weil sie mit ihrer rücksichtsvollen Art nämlich den ganzen Betrieb aufhalten. Ah, den noch reinlassen, hier noch warten. Für Tiere bremsen oder für Radfahrer, das ist keine gute Idee in einem System, das eher den Gesetzen des Dschungels gehorcht als der Straßenverkehrsordnung. Und wenn du daran zweifelst, dann frag mal die Verkehrspolizei.

Egal, ob du tankst, ob du parkst, ob du fährst, ob du in die Werkstatt musst, zur Abgasuntersuchung oder zum Idiotentest, ständig bist du in Gefahr, verarscht zu werden. Die anderen wollen dein Geld, deinen Führerschein, deine Vorfahrt. Sie stehlen dir deine Zeit und ruinieren deine Nerven. Grund genug also, dass wir uns die Sache einmal näher ansehen.

## Warum du immer das falsche Auto kaufst

Damit fängt es doch schon an: Dass wir uns ein Fahrzeug anschaffen, mit dem wir jede Menge Ärger haben. Ärger, mit dem wir nicht gerechnet haben. Denn wir leben doch in Deutschland, dem Autoparadies, einem der wenigen Länder ohne Tempolimit auf der Autobahn. Bei uns gab es mal einen Bundeskanzler, der von sich behauptete, der »Kanzler aller Autos« zu sein. Man kann nicht behaupten, dass ihm das geschadet hat. Eher uns. Aber das ist eine andere Geschichte ...

So oder so: Wir Deutschen gelten als Autokenner und Autoliebhaber. Wir bauen die besten Autos, heißt es. Fast alle Arbeitsplätze hängen bei uns von der Autoindustrie ab, vor allem in der Politik. Und die Auswahl an Autos ist einfach überwältigend. Es gibt kleine, große, fette, schlanke, runde und eckige. Du kannst deinen Wagen beim Autohändler kaufen, im Internet bestellen oder einem ahnungslosen Rentner abschwatzen. Du kannst ihn leasen, sharen, in Raten abstottern oder in der *Sportschau* gewinnen. Echte Fans holen sich ihren Wagen direkt vom Hersteller. Wahrscheinlich, weil er dann noch richtig frisch ist. Autos gehören ja zur schnell verderblichen Ware. Kaum haben sie die Fertigungshalle verlassen, geht es schon los mit dem Verfall. Da sollte man besser keine Zeit verlieren. Außerdem treibt diese Autofans noch ein anderes Motiv. So ähnlich wie Väter glauben, sie würden eine besonders innige Beziehung zu ihren Kindern aufbauen, wenn sie schon bei der Geburt in Sichtweite sind und beherzt die Nabelschnur durchtrennen, so will auch der Autobesitzer seinen Liebling aus Blech gleich nach Fertigstellung in Empfang nehmen. Eine trügerische Hoffnung: Es sind nämlich gerade solche Kinder und solche Autos, die einem besonders ausgiebig auf der Nase herumtanzen.

Warum kaufen wir das falsche Auto? Ganz einfach: Am Anfang, da glauben wir noch, wir hätten einen guten Griff getan. Vor allem, wenn wir einen Neuwagen kaufen. Da denken wir: Das ist jetzt ein besonders ausgereiftes Modell, umweltfreundlich, sparsam, auf dem neuesten Stand der Technik. Doch Neuwagen sind gar nicht so gut, wie man immer meint. Tatsächlich sind einige Nachfolgemodelle viel schlechter als ihre Vorgänger. Hör dich nur mal um bei den alten Hasen. Die erzählen dir, dass die Zeiten, da man noch vernünftige Autos gebaut hat, schon lange vorbei sind. Die Modelle, die heute vom Band laufen, haben nicht das Zeug, irgendwann einmal zum begehrten Oldtimer zu werden wie der Opel Rekord, der Mercedes 190, der Citroen DS oder auch der Käfer. Erstens sehen die heutigen Autos so nichtssagend aus, dass in 20 Jahren damit bestimmt kaum jemand mehr herumfahren will. Zweitens wird diese Fahrzeuge in 20, 30 Jahren niemand mehr reparieren können. Mit der Software, die da drinsteckt, kennt sich dann keiner mehr aus. Teilweise ist das ja heute schon so.

Doch an solche Dinge denken wir gar nicht, wenn wir ein neues Auto kaufen. Stattdessen lassen wir uns von den Neuerungen und dem technischen Schnickschnack blenden. Ich wenigstens falle immer wieder darauf herein. Blinkende Displays, Kontrollleuchten, Kameras, Klimaanlage und Getränkehalter. Ja, bereits der Geruch nach neuem Wagen benebelt mein Gehirn. Ich lasse mich sogar von einem Rallyelenkrad beeindrucken. »Das Rallyelenkrad gehört bei dieser Ausstattung serienmäßig dazu«, verkündet der Verkäufer, als ich halb versehentlich in ein knallbuntes Fahrzeug steige, das eigentlich gar nicht infrage kommt. Aber serienmäßig – das ist das Zauberwort für alle Autokäufer. Es bedeutet so viel wie: Du bekommst hier etwas geschenkt. Ist das nicht großartig? Die Zukunft wird wunderbar. Der graue Alltag ist besiegt. Denn ich werde mit einem Rallyelenkrad zur Arbeit fahren, im Stau stehen, rückwärts einparken. Dabei ist die Sache völlig sinnlos, und der Effekt nutzt sich noch schneller ab als die Bremsbeläge. Ich meine, welcher Autofahrer, der älter ist als neun Jahre, braucht denn schon einen Rallyelenker?

Und der Rallyelenker ist nur ein Beispiel von vielen. Es gibt jede Menge überflüssige Extras, von denen du erst denkst: Donnerwetter, damit werde ich fahrzeugtechnisch in die Oberklasse vorstoßen. Fußraumbeleuchtung, Monitore in den Kopfstützen, Halogenscheinwerfer, die stärker sind als jede Blendrakete, und die Klimaanlage mit mehreren »Klimazonen«. So, wie im Kühlschrank die Wurst mehr Kälte braucht als das Gemüse, so kannst du auch in deinem Auto die Leute auf den hinteren Sitzen aufheizen oder runterkühlen und dich selbst natürlich auch. Du kannst es deinen Füßen schön warm machen und deinem Kopf angenehm kühl. Oder umgekehrt. Du kannst am Hintern frieren und an den Händen schwitzen. Es ist kaum zu fassen, was die sich alles einfallen lassen heutzutage, diese Autobauer. Meine Mitfahrer werden mich bewundern. Und ich werde viele Mitfahrer haben. Familienmitglieder, Freunde, Arbeitskollegen, Nachbarn, Leute, die sich einfach mal über den neuesten Stand der Fahrzeugtechnik informieren wollen. Und wenn sie nicht wollen, dann werde ich sie zwangsweise informieren.

Natürlich kommt es nie dazu. Spätestens nach einer Woche habe ich mich an alle Annehmlichkeiten gewöhnt, wenn es überhaupt welche gibt. Und vorführen will ich sie auch nicht mehr. Natürlich nicht. Wenn man so ein Auto erst mal hat, das mit sinnlosen Extras vollgestopft ist, dann wird einem schnell klar: Diese Dinge interessieren kein Schwein. Warum auch? Vielleicht kennst du ja solche Leute, die laden dich unter einem Vorwand in ihr Auto und fahren dich kreuz und quer durch die Gegend, nur damit du die Beschleunigung, die Lautsprecherboxen und die intelligenten Scheibenwischer bewunderst. Ein Vergnügen ist das nicht. Und es kommt noch etwas hinzu: Viele dieser raffinierten Extras fangen an zu nerven.

Nimm zum Beispiel die immer zahlreicher werdenden »Fahrassistenten«: Egal, ob du losfahren, einparken oder die Spur halten willst, dein »Fahrassistent« sagt dir immer, was du zu tun hast. Entweder mit menschlicher Stimme oder er gibt irgendwelche Töne von sich, piept, gongt oder bimmelt. Das ist genauso entspannend wie ein Mitfahrer, der dauernd deine Fahrweise kommentiert und gute Ratschläge erteilt. Der mit einem Glöckchen klingelt, wenn du zu schnell fährst. Der dir brutal den Motor abwürgt, sobald du länger als drei Sekunden anhältst, und dir befiehlt: »Sprit sparen!« Der beim Einparken immer lauter schreit, je näher du einer fremden Stoßstange kommst: »Halt ... HALT ... HAAAAALLTT!!« Dabei ist noch ein halber Meter Platz. Denn diese »Einparkhilfen« sind so konstruiert, dass sie die Dinge überdramatisieren, lieber zu viel Panik verbreiten als zu wenig. Sei ehrlich: Was würdest du mit so einer Nervensäge machen? Du würdest sie rauswerfen. Die könnte zu Fuß nach Hause gehen.

Wir aber lassen uns Autos mit so einem eingebauten Mitfahrer andrehen. Ja, wir zahlen sogar noch einen saftigen Aufpreis dafür, dass uns dieser digitale Besserwisser dauernd reinquatscht. Aber es gibt noch eine weitere unangenehme Folge: Hast du dich auf deinen »Fahrassistenten« erst einmal eingestellt, kommst du bald nicht mehr ohne ihn aus. Wer eine »Einparkhilfe« hat, kann selbst nicht mehr einparken. Wer nur noch seinem allwissenden »Navi« mit seiner stündlich aktualisierten Weltkarte folgt, hat selbst die Orientierung verloren. Unsere »Assistenten« machen uns immer dümmer, bis wir eines Tages gar nicht mehr selbst fahren können – und ihnen ganz das Steuer überlassen. Dann ist es nur noch eine Frage der Zeit, bis sie auch die Fahrtziele festlegen und uns nur noch auf den Rücksitz lassen.

So viel zum Thema Sonderausstattung. Worüber wir aber auch noch reden müssen, das sind die Automarken. Viele sind mächtig stolz, weil sie eine bestimmte Marke fahren. Diese Marke steht nämlich für eine Reihe von guten Eigenschaften. Eigenschaften, die wir selbst gerne hätten: Zuverlässigkeit, Sportlichkeit, Eleganz, Abenteuerlust, Vernunft, Originalität, Stärke, Schnelligkeit oder Verwegenheit. Wir sollen das passende Fahrzeug kaufen, damit wie durch Wunderhand dessen Eigenschaften auf uns selbst übergehen. Im Ernst glaubt das natürlich kein Mensch. Bei den anderen spricht eher einiges für das Gegenteil: Wer kauft denn einen Geländewagen, um damit durch den Stadtverkehr zu heizen? Ein echter Abenteurer bestimmt nicht. Wer entscheidet sich für ein bösartiges Raubtierauto? Doch nur jemand, der Sorge hat, man könnte ihn für harmlos halten. Und Männer mit röhrendem Porsche stehen ohnehin in dem Ruf, dass ihr Kraftfahrzeug andere Defizite wettmachen soll. Ganz im Sinne der alten Faustregel: Je mehr Pferdestärken unter der Motorhaube, desto weniger Hengst unter der Bettdecke.

Dabei sind die Marken der reine Schwindel. Die eine Marke wird angebetet, über die andere rümpfen die Leute die Nase. Völlig zu Unrecht. Denn hinter diesem ganzen Markengetue steckt viel weniger, als wir alle glauben. Hast du gewusst, dass Renault Motoren für Mercedes baut? Ich nicht. Ich hätte nicht mal gedacht, dass Renault Motoren für Renault baut. Und vielleicht stimmt das ja auch gar nicht. Manche Hersteller lassen ihre Autos auch komplett von anderen Firmen fertigen. Dazu gehören Luxusmarken wie Aston Martin. Die geben bei manchen Modellen nur ihren Namen und legen den schwindelerregenden Preis fest. Oder nimm die Automarke Saab. Die gehört schon lange nicht mehr der schwedischen Firma Saab. Die hat vor vielen Jahren ihre Autosparte an General Motors verkauft und baut lieber Waffen und Raketen. Hätte man den friedlichen Schweden auch nicht zugetraut. Ich dachte immer, die einzigen Waffen aus Schweden wären von Ikea und müssten mit dem Inbus-Schlüssel selbst zusammengeschraubt werden. Wie auch immer, General Motors hat Saab hauptsächlich genutzt, damit die Schweden für andere Automarken von GM Entwicklungsarbeiten übernehmen. Das ging auf Dauer nicht gut. Saab wurde weiterverkauft, zumindest Teile davon, ging pleite und wurde wieder neu gegründet. Irgendwie hängen die Chinesen mit drin und die Holländer. So richtig blickt da keiner durch.

VW dagegen hat eine raffinierte Schummelsoftware entwickelt, um die strengen Abgaswerte für Dieselfahrzeuge zu unterlaufen. Und das haben sie so geschickt gemacht, dass nicht mal der Vorstand was merkte. Überhaupt: Dieser Abgasskandal spricht doch eigentlich eher für VW als gegen das Unternehmen. Bei strengen Abgaswerten wird nun mal geschummelt. Sonst müsste man die Werte ja einhalten. Und das ist teuer oder geht überhaupt nicht. Wenn nicht mal VW das hinbekommt ... bei den anderen Herstellern ging es offenbar auch nicht ganz sauber zu. Aber VW hat eine spezielle Software dafür ausgetüftelt. Hättest du ihnen das zugetraut? Ich nicht. Saubere Dieselfahrzeuge können sie vielleicht nicht bauen, aber mit Software kennen sie sich besser aus, als wir alle glauben. Vielleicht entwickeln die demnächst eine Software, mit der du bei Rot über die Ampel fahren kannst oder unter jedem Tempolimit durchsegelst, egal, wie schnell du fährst. Und ist nicht im Grunde *jede* Software eine Schummelsoftware? Textverarbeitung, Statistikprogramme, Finanzbuchhaltung. Nicht zu vergessen die Schummelsoftware schlechthin: Photoshop. Werden die jetzt auch bestraft, weil die Models, die wir in den Zeitschriften sehen, in Wirklichkeit Leberflecke haben und keine Giraffenbeine? Wo Software ist, da wird geschummelt. Verlass dich drauf. Und nicht nur bei diesen Abgaswerten, die den Autofahrern ohnehin schnurzpiepe sind. Ich meine, wer kauft sich denn einen Diesel, wenn er die Umwelt retten will? Pferdefreunde greifen im Supermarkt ja auch nicht zur Tiefkühllasagne.

Und da wir nun schon mal beim Thema VW sind: Das erste Auto, das ich mir gekauft habe, war ein Golf. Nicht gerade aufregend, ich weiß. Aber da kannst du nichts falsch machen, meinten alle möglichen Leute, die sich gut auskannten. In der Pannenstatistik vom ADAC belegte der Golf regelmäßig einen der besten Plätze und gewann goldene Lenkräder, weil er so zuverlässig war. Mit einem Golf konntest du dich überall sehen lassen. Du wurdest weder belächelt noch gehasst.

Mein Golf war anders. Nach einer kurzen Anlaufphase, in der alles verdächtig glatt lief, blieb er ständig liegen und verlangte nach Pannenhilfe vom ADAC. Ich glaube, mein Golf ist es gewesen, der die Statistik so sehr nach unten zog, dass sich der ADAC sagte: »Jetzt reicht es aber. Wir müssen die Statistik ein bisschen frisieren, damit sie wieder stimmt und wir das goldene Lenkrad nicht an irgendeinen streberhaften Japaner verleihen müssen.« Es kann natürlich sein, dass noch ein paar mehr Fahrzeuge deutscher Hersteller Probleme hatten und der ADAC noch stärker frisieren musste. Auf jeden Fall ist alles herausgekommen. Und die deutschen Hersteller haben damit gedroht, ihre goldenen Lenkräder wieder zurückzugeben, um den exzellenten Ruf der deutschen Hersteller wiederherzustellen. Das ist zwar nicht besonders logisch. Aber ich glaube, es ist ihnen gelungen. Deutsche Autos genießen nach wie vor hohes Ansehen. Die Leute glauben nämlich: Wenn schon die Deutschen schummeln, dann schummeln die anderen noch viel mehr. Was vermutlich die reine Wahrheit ist. Und so habe ich meinen Golf schließlich weiterverkauft. An einen älteren Herrn, der, wie ich gehört habe, noch viel Freude an dem Fahrzeug gehabt haben soll. Vielleicht hat er ja einen flotten Garagenwagen gesucht. Womit wir schon beim nächsten Thema wären.

## Warum dein Gebrauchtwagen reif für den Schrottplatz ist

Ich habe kürzlich gelesen: Die meisten Autos in Deutschland werden als Gebrauchtwagen verkauft. Das ist erstaunlich. Denn Gebrauchtwagen haben einen katastrophalen Ruf. Menschen, denen man blind vertraut, sagt man nach, man würde ihnen bedenkenlos einen Gebrauchtwagen abkaufen. Das sagt doch schon eine Menge, finde ich. Es bedeutet nämlich: Bei allen anderen wirst du gnadenlos über den Tisch gezogen.

Das ist bekannt. Und trotzdem kaufen die Leute wie wild Gebrauchtwagen. Vielleicht sollten die Hersteller gleich Gebrauchtwagen bauen. So, wie die Jeanshersteller Hosen fertigen, die schön abgetragen aussehen und sogar schon Löcher haben. Das bekommt VW doch sicher auch noch hin. Was für einen Gebrauchtwagen spricht, das ist sein niedrigerer Preis. Du fährst mit einem Neuwagen einmal um den Block, schon ist er 1000 Euro weniger wert, hat mir mal ein Autokenner verraten. Das Problem ist nur: Es gibt so wenige, die mit ihrem Neuwagen einmal um den Block fahren und ihn dann für 1000 Euro weniger wieder loswerden wollen.

Eine Alternative ist der sogenannte Jahreswagen. Dabei handelt es sich um ein Auto, das der Besitzer schon nach einem Jahr satthat. Er braucht dringend ein neues, um irgendwo Eindruck zu schinden. Meist aber bekommt er jedes Jahr ein neues Auto günstig nachgeworfen. Weil er nämlich in der Autoindustrie arbeitet oder mal gearbeitet hat oder aus anderen Gründen Anspruch auf so ein günstiges Auto-Abo hat. Eine Riesenverschwendung wäre das, wenn es nicht jede Menge Leute geben würde, die dankbar die gerade mal angewärmten Fahrzeuge übernehmen möchten. Jahreswagen sind begehrt. Daher geht es für die Altbesitzer darum, den Wagen nicht zu schonen, sondern in kurzer Zeit möglichst viel Auto »abzufahren«. Was schon verdammt viel Spaß macht. Für ihren Jahreswagen finden sie immer einen Abnehmer.

Nicht weniger begehrt ist jedoch eine ganz andere Art von Fahrzeug: der sogenannte Garagenwagen – scheckheftgepflegt und üblicherweise in Besitz eines älteren Mitbürgers, idealerweise bereits im Ruhestand, sodass er mit dem Garagenwagen nicht einmal mehr zur Arbeit fährt, sondern höchstens in die Werkstatt, um den Wagen hätscheln und pflegen zu lassen. Das lässt er sich alles in ein Heft eintragen, in das berühmte »Scheckheft«. Und wenn er am Ball bleibt, dann darf er sein Auto »scheckheftgepflegt« nennen.

»Scheckheftgepflegt« – bereits dieser Ausdruck zaubert ein Leuchten in die Augen eines jeden, der auf der Suche ist nach einem fahrtüchtigen Gebrauchtwagen. Scheckheftgepflegt – das klingt nach einer besonders edlen und aufwendigen Art, sein Auto zu verwöhnen. So, wie die Kobe-Rinder in Japan von einer Geisha täglich den Rücken massiert bekommen, weil so das sündhaft teure Fleisch so unglaublich viel leckerer wird, so werden in Deutschland die Garagenwagen mit einem Scheckheft blank gewienert. Oder besser noch, stellen wir uns vor, wie der Rentner jeden Tag in seiner Garage erscheint, um mit seinem Scheckheft sanft über den glänzenden Lack zu streichen.

Oh ja, so wünschen wir uns das, wenn wir einen Gebrauchtwagen kaufen. Die Wirklichkeit sieht meistens anders aus. Wenn du dich mit Autos so wenig auskennst wie ich, dann brauchst du jemanden, der dich beim Autokauf unterstützt. Einen, der dich berät und begleitet. Einen, der Ahnung hat und auf deiner Seite steht. Sonst kannst du einpacken. Denn ob ein Auto noch gut in Schuss ist oder ein Fall für die Schrottpresse, das vermögen Leute wie ich nicht zu beurteilen. Deshalb nehmen sie jemanden mit. Der soll sich mal unters Auto legen. Oder auf der Karosserie herumklopfen. Unter der Motorhaube nachschauen. Und dann so was sagen wie: »1650 Euro für die Karre – und keinen Cent mehr.« Aber da wartest du vergeblich. Unsere Freunde, die sich angeblich so gut auskennen mit Autos, versagen regelmäßig, wenn es darum geht, uns vor einem Fehlkauf zu bewahren. Die einen lassen sich von dem Gebrauchtwagenhändler genauso um den Finger wickeln wie du. Sie finden den Wagen richtig klasse, handeln ihn vielleicht um zehn Euro herunter und sind noch mächtig stolz darauf. Keine echte Hilfe, wenn du eine Woche später bemerkst, dass du einen Haufen Schrott gekauft hast. Andere bemerken die Mängel zwar, aber sie sind zu höflich, darüber zu reden, solange der Verkäufer dabei ist. Erst wenn du die Sache unter Dach und Fach gebracht hast, rücken sie mit der unangenehmen Wahrheit heraus: »Also, ich hätte den Wagen nicht gekauft. Hast du dir mal den Unterboden angeguckt? Total durchgerostet!« Und schließlich gibt es noch die ausgefuchsten Taktiker, die dir eigentlich helfen wollen, das Auto runterzuhandeln. Deswegen mäkeln sie die ganze Zeit und machen alle Vorzüge runter. Am Ende traust du dich gar nicht mehr, das Auto zu kaufen. Du würdest es nicht einmal geschenkt nehmen. So was ist natürlich auch keine Lösung. Du musst aufpassen, dass dir kein Schnäppchen durch die Lappen geht.

Genau diese Befürchtung versuchen die Verkäufer auszunutzen, denen es am besten gelingt, uns irgendeine Gurke anzudrehen. Die geben sich eher ahnungslos. Bei einem PS-Profi würdest du ja misstrauisch werden. Du erwartest einfach, dass so jemand am Ende den besseren Schnitt macht. Egal, wie weit er dir beim Preis entgegenkommt. Wo ist der Haken bei der Sache?, fragst du dich immer. Bei einem Verkäufer, der sich nicht auskennt, ist das anders. Du hast ein ähnlich gutes Gefühl wie beim Rentner mit seinem scheckheftgepflegten Garagenwagen. Auch wenn das Scheckheft fehlt und die Garage. Aber du glaubst einfach, dass du der Schlaue bist. Vor allem, wenn du noch so einen Expertenfreund dabeihast. Gemeinsam versucht ihr, den unbedarften Autobesitzer runterzuhandeln. Der reagiert verunsichert. So, als wäre es ungewöhnlich, über den Preis von einem Gebrauchtwagen noch zu verhandeln. Hat der Typ überhaupt keine Ahnung? Du bist sicher: Den kriegen wir noch weich. Doch dann kommt es: Wie aus dem Nichts taucht plötzlich ein weiterer Interessent auf. Der Verkäufer scheint ein wenig konfus. Er bittet den anderen, sich noch ein wenig zu gedulden und mit einigen Metern Abstand zu warten. Ihr wärt noch nicht fertig.

»Was wollen Sie noch über den Wagen wissen?«, erkundigt er sich freundlich. Und wenn ihr alles geklärt habt, dann fragt er treuherzig, ob du an dem Wagen Interesse hättest und wie hoch dein »Gebot« sei. In diesem Moment biegt ein dritter Interessent um die Ecke.

Natürlich, wenn das Auto nichts taugt, dann wirst du dich jetzt schnell verabschieden. Aber sonst? Gerade wenn du dich so sicher gefühlt hast, das Auto zu bekommen, wirst du jetzt einknicken. So wie ich auch. Ich würde sogar noch etwas drauflegen, um den Deal gleich abzuschließen. Hauptsache, die anderen schnappen mir den Wagen nicht noch vor der Nase weg. Da bin ich gerne bereit, ein bisschen mehr dafür zu bezahlen. Auch wenn ich mir dabei ziemlich dumm vorkomme. Aber ich will dieses verdammte Auto jetzt unbedingt haben. Auch wenn ich es nach einer Woche zum Schrottplatz bringe. Dann kann ich mir immerhin noch sagen: Wenigstens habe ich mich gegenüber den beiden anderen durchgesetzt. Endlich war ich mal der Typ mit der fettesten Brieftasche, der alle anderen ausgestochen hat. Und diesen Triumph kann mir keiner mehr nehmen.

## Warum dein Auto kaputtgeht

Schon klar, früher oder später geht alles zu Bruch. Rein physikalisch muss das so sein. Aber bei den Autos, da ist das schon eine besondere Geschichte. Es gibt kaum ein Ding, das so oft und so teuer repariert werden muss wie dein Auto. Kein Wunder, denn es besteht aus so vielen kleinen und superkleinen Teilen, die so konstruiert sind, dass sie eines nach dem anderen den Geist aufgeben und du dein Auto ständig in die Werkstatt bringen musst. Viele von diesen Teilen heißen schon so, dass du ahnst: Das kann auf Dauer nicht gut gehen. Bremsbeläge etwa. Oder Zündkerze. Oder Verteiler-finger. Keilriemen. Ich habe keine Ahnung, wofür diese Teile überhaupt nütze sind. Ich weiß nur, dass sie gerne immer mal wieder erneuert werden wollen. Sie gehören nämlich zu den sogenannten Verschleißteilen, die man meiner Meinung nach ohne das erste L schreiben sollte. Denn was soll denn das? Kann man die nicht ein bisschen haltbarer machen? Kann man die nicht gleich so bauen, dass die nicht ständig kaputtgehen? Und dann noch alle zu unterschiedlichen Zei-ten? Können die nicht wenigstens alle gleichzeitig kaputtge-hen? Dann musst du nicht ständig in die Werkstatt. Und die müssen nicht lange nach dem Fehler suchen, sondern kön-nen gleich alles auf einen Rutsch austauschen. Wodurch die Sache auch gleich viel billiger würde.

Dabei gibt es Autos, die halten ewig. Die fahren schon seit der Steinzeit herum und gehen einfach nicht kaputt. Auch wenn der Fahrer sich alle Mühe gibt, sie zu schrotten. Leider gehört dein Auto nicht dazu. Dein Auto geht kaputt, immer wieder. Und zwar, wenn du am allerwenigsten damit rech-nest. Wenn du es eilig hast. Oder wenn du im Urlaub bist. In einem Land, in dem man deine Sprache nicht versteht und du auch mit Englisch nicht durchkommst. Oder dein Auto streikt, wenn du zu einem wichtigen Geschäftstermin musst. Das Ungerechte ist ja: Wenn du mit der Bahn kommst, darfst du dich verspäten, wie du willst. Und alle haben noch Mitleid mit dir. Gemeinsam schimpft ihr auf die Deutsche Bahn, und alle sind zufrieden. Wenn du aber mit deinem Auto liegen bleibst, dann bist immer du selber schuld.

Natürlich kann man eine Menge selber falsch machen. Schalten ohne zu kuppeln, vergessen, das Motoröl zu wech-seln, mit angezogener Handbremse losfahren, Benzin statt Diesel tanken. Oder gar nicht tanken. Solche Sachen. Sind mir alle schon passiert. Dann darf man sich nicht wundern, wenn der Wagen stehen bleibt oder gar nicht erst losfährt. Aber ich würde ja nie auf die Idee kommen, mich darüber zu beschweren. Das geht ganz klar auf meine Kappe. Wir reden hier von ganz anderen Geschichten. Wenn dein Auto einfach so kaputtgeht, auch wenn du gar nichts angestellt hast. In solchen Fällen liegt ganz klar ein »Verarschungsschaden« vor. Ein Schaden, der dich unter der Gürtellinie trifft. Weil du einfach nicht damit rechnest. Du glaubst, die Autos werden immer besser, immer sicherer, immer ausgereifter. Heute parken die Autos schon alleine ein, morgen werden sie sich ganz von alleine reparieren. Ohne dass du irgendetwas davon merkst. So erzählen es doch diese Zukunftsforscher und Trendexperten. Dabei gibt es nur einen Trend, der sich zuverlässig voraussagen lässt: Auch morgen werden uns die Autohersteller das Fell über die Ohren ziehen. Sie werden Autos bauen, die immer wieder kaputtgehen. Und die Reparaturen werden immer teurer. Denn die Autos werden nicht nur immer intelligenter, sicherer und ausgereifter, sondern vor allem auch immer komplizierter. Das heißt, sie werden immer anfälliger für Störungen. Und es wird immer teurer, diese Störungen zu beheben.

Früher, da konnte man sich zur Not auch selber helfen – wenn man sich ein bisschen auskannte. Einfach mal die Motorhaube lüften, Kabel überprüfen, Öl nachkippen oder sich unter den Wagen legen. Also, ich gehöre nicht zu diesen Leuten, die da irgendwas ausrichten können. Ich bin schon überfordert, wenn ich das Scheibenwischwasser nachfüllen muss. Ich weiß gerade mal, wo der Tank ist. Zumindest bei meinem Auto. Aber auch für solche Leute wie mich ist es einfach ein beruhigendes Gefühl, wenn sie glauben: So ein erfahrener Schrauber, der würde die Kiste schon wieder hinkriegen, egal, ob es rappelt, knallt oder zischt. Vielleicht hast du ja sogar im Bekanntenkreis so jemanden, der seine Freizeit am liebsten in der Garage verbringt. Mit seinen Schmierstoffen, Steckschlüsseln und Spezialzangen. Auf den könntest du dann zur Not ausweichen, wenn dir die Werkstatt blöd kommt. Aber das geht nun nicht mehr mit dieser ganzen Elektronik und diesem Bordcomputer-Schnickschnack. Den Fehler findest du nicht mehr unter der Motorhaube. Um ihn zu entdecken, brauchst du spezielle Diagnosegeräte. Und die stehen natürlich nicht in der Garage von deinen Kumpels, sondern nur in der superteuren Werkstatt, in der sie dir das Fell über die Ohren ziehen. Es ist wie im Krankenhaus: Da werden ja viele Krankheiten auch nur entdeckt, weil die passenden Geräte da rumstehen.

Und so hast du keine Wahl. Du bist ihnen ausgeliefert. Du musst dein Auto zu ihnen bringen oder schlimmer noch: vom Abschleppdienst anliefern lassen. Vielleicht versuchst du noch, den Eindruck zu erwecken, als würdest du dich auskennen. Weil du meinst: Dann wird es nicht ganz so teuer. Das kannst du vergessen. Es wird so teuer, dass du dir sagst: Das nächste Mal lasse ich mein Auto aber in der Slowakei reparieren. Das Problem ist nur: Um es in der Slowakei reparieren zu lassen, müsstest du erst mal hinkommen in die Slowakei. Und das ist immer schwierig mit einem kaputten Auto.

## Warum die Verkehrspolizei hinter dir her ist

Kleine Frage: Welche Aufgabe hat eigentlich die Verkehrspolizei? Soll die nicht dafür sorgen, dass die Fußgänger, die Radfahrer, die Lenker von Bussen und Brummis keinen allzu großen Schaden anrichten? Dass sie dir nicht die Vorfahrt nehmen, dich zum Bremsen zwingen oder deinen Lack beschädigen (von schlimmeren Dingen gar nicht zu reden)? Oh ja, das sollte sie eigentlich tun, die Verkehrspolizei. Sie sollte die ganzen Irren stoppen, die jeden Tag unsere Straßen bevölkern. Sie sollte diese Leute aus dem Verkehr ziehen oder ihnen wenigstens eine dicke Strafe aufbrummen, finde ich. Aber was macht die Verkehrspolizei den lieben langen Tag? Keine Ahnung, auf jeden Fall nicht das, was wir beide uns von ihr erhoffen. Sonst wären doch nicht jeden Tag so viele Bekloppte unterwegs. Ich glaube, in der Richtung bringt die Verkehrspolizei überhaupt nichts zustande. Vielleicht spornt sie die Bekloppten sogar noch an, sich noch bekloppter zu verhalten, als sie es von Natur aus tun würden.

Nimm zum Beispiel diese Blitzermeldungen im Radio. Da verraten sie einem, wo die Polizei steht, um Geschwindigkeitskontrollen durchzuführen. Oder sagen wir gleich: Um Autofahrern das Geld abzunehmen. Denn die Polizei steht besonders gerne an Stellen, an denen absolut keine Gefahr droht, wenn man mal ein wenig flotter unterwegs ist. Darum drücken die Leute hier ja auch ein wenig fester aufs Gaspedal – und die Verkehrspolizei kann ihnen viel, viel Geld abnehmen. Was ja der eigentliche Sinn von Geschwindigkeitskontrollen ist. Aber zurück zu den Blitzermeldungen. Ich weiß nicht, was du von denen hältst, aber ich finde, die sind ja wohl das Armseligste, was man im Autoradio zu hören bekommt. Und das will was heißen, denn die Sender, die diese Blitzermeldungen durchgeben, sind entsetzlich. Die Musik ist entsetzlich, die Moderatoren sind entsetzlich, und alles andere auch. Aber diese Sender werden gehört. Massenhaft. Und das liegt einzig und allein an diesen Blitzermeldungen, wenn du mich fragst. Und damit komme ich zum Punkt. Zunächst glaubst du vielleicht: Das ist ja mal eine gute Sache. Du weißt jetzt ganz genau, wo du deinen Fuß ein wenig vom Gas nehmen musst. Das ist auch völlig in Ordnung. Das Problem sind wieder mal die anderen. Die hören sich diese Meldungen nur an, um herauszufinden, wo sie ungehindert die Sau rauslassen können. Die Blitzer stehen ja vielleicht an drei, vier Stellen rum. Und das heißt, alle übrigen Straßen werden zum Herrschaftsgebiet der Bekloppten erklärt. Die Folgen kannst du dir jeden Tag anschauen: Die Leute benehmen sich selten so schlecht wie im Straßenverkehr. Und wenn sie davon überzeugt sind, dass die Verkehrspolizei woanders zu tun hat, dann führen sie sich besonders übel auf. Verstehst du jetzt, warum diese Blitzermeldungen so viel Unheil anrichten?

Wenn die Verkehrspolizei aber mal einschreitet, dann geht es oft genug Leuten wie dir an den Kragen. Harmlosen, ja eigentlich rücksichtsvollen Verkehrsteilnehmern, die für den Bruchteil einer Sekunde die Verkehrsregeln übertreten – und sofort bestraft werden. Dabei handelst du häufig nur in Notwehr. Um dich in diesem Verkehrsirrsinn irgendwie zu behaupten, musst du den Leuten, die einfach nicht in die Gänge kommen, schon mal die Vorfahrt nehmen. Natürlich hatten sie Vorfahrt – und nicht du. Aber sie haben einfach keinen Gebrauch davon gemacht, von ihrer Vorfahrt. Also warst du am Zug. Hättest du warten sollen, bis du schwarz wirst? Natürlich nicht. So was versteht doch jeder. Nur nicht die Verkehrspolizei.

Noch schlimmer sind die Ampeln, wie wir noch sehen werden. Die sind grundsätzlich so geschaltet, dass du gerade noch rüberkommst. Aber nur, wenn du bei »Halb-Rot« rüberfährst. Oder »Dreiviertel-Rot«. Oder »Sieben-Achtel«. Ist doch egal, gefährdet wird sowieso keiner. Du passt doch auf und sorgst dafür, dass der Verkehr fließt. Aber die Verkehrspolizei? Hat wieder mal dich am Wickel.

Wo du dein Auto für eine halbe Minute abstellst, da schickt sie ihre Politessen mit dem Knöllchenblock vorbei. Und ausgerechnet wenn du ganz besonders vorsichtig fährst, hält sie dich an und lässt dich in ihr Alkoholtestgerät pusten. Dabei passt du ja gerade deswegen so besonders gut auf, *weil* du ein bis zwei Bierchen getrunken hast. Du wolltest niemanden gefährden – und schon hast du dich verdächtig gemacht. Schon wollen sie dich aus dem Verkehr ziehen. Es ist nämlich so, dass die Polizei nicht nur auf die achtgibt, die sich wüst über die Verkehrsregeln hinwegsetzen. Sie behält auch diejenigen im Auge, die betont harmlos fahren. Die Tempo-30-Zonen beachten, für Radfahrer bremsen und sogar am Zebrastreifen halten. Die Polizei weiß nämlich aus Erfahrung: Wer nicht unangenehm auffallen will, der hat ganz sicher was auf dem Kerbholz. Fährt ohne Führerschein, ist im gestohlenen Auto unterwegs oder transportiert eine Leiche im Kofferraum. Die Kehrseite dieser cleveren Polizei-Medaille: Es trifft auch diejenigen, die von Natur aus brav sind. So wie du und ich.

Leider stellt sich manchmal heraus, dass sogar wir Braven nicht ganz ohne Makel sind: Es fehlt das Warndreieck, der Verbandskasten, das Reserverad, der Fahrzeugschein, oder du fährst barfuß. Und du darfst jetzt eine saftige Strafe zahlen. Es zeigt sich also: Besonders brav zu fahren bringt gerade nichts. Willst du unbehelligt durch den Straßenverkehr kommen, musst du immer wieder mal ein wenig über die Stränge schlagen. So, wie es alle machen. Die Verkehrspolizei zwingt uns dazu.

## Warum du nie einen Parkplatz findest

Ich glaube, jeder hat einen Bekannten oder Freund, der einem erzählt: »Egal, wo ich hinfahre, ich finde immer einen Parkplatz.« Wenn sie kommen, tut sich immer eine Lücke auf, fährt magischerweise immer gerade einer weg. Und dann verraten sie dir noch ihr Erfolgsgeheimnis: Sie rechnen einfach damit, in bester Innenstadtlage, vor dem Einkaufszentrum, im Kneipenviertel, dort, wo sich der Verkehr richtig knüppelt, einen Parkplatz zu finden. Dann klappt das nämlich auch.

Wie kommt das nur? Haben die einfach mehr Glück? Kennen die die richtigen Bestellnummern beim Universum? Oder gibt es da irgendeinen geheimen Kniff, der uns verborgen geblieben ist? Kann alles nicht sein. Wenn es einen Verkehrsgott gibt, der die Parkplatzfrage regelt, dann kann der gar nicht so irrsinnig sein, dass er ausgerechnet diesen Leuten zuverlässig einen Parkplatz zuschanzt und uns nicht. Denn überleg mal: Würde der Verkehrsgott ihre Einstellung belohnen, dann hätten wir innerhalb kürzester Zeit das absolute Verkehrschaos. Es würden noch mehr Leute mit dem Auto fahren. Sie wüssten ja: Parkplatz – kein Problem, wenn wir nur fest an die Sache glauben. Es würde keine 15 Minuten dauern, und der Verkehrsgott wäre am Ende, um diese ganzen Zweckoptimisten mit einem Parkplatz zu versorgen. Also, alles Humbug. Vermutlich gelten auch bei der Parkplatzsuche die Gesetze der Wahrscheinlichkeitsrechnung. Und die besagen: Im Prinzip hat jedes Fahrzeug die gleiche Chance, einen Parkplatz zu finden. Zumindest hängt es nicht davon ab, was sich der Fahrer wünscht oder vorstellt oder einredet. Nein, wenn sie immer einen Parkplatz finden, dann sind ganz andere Kräfte am Werk als die mentale Energie dieser Pappnasen. Und damit nähern wir uns dem Thema unseres Buchs. Diese Leute stehen unter dringendem Verarschungsverdacht. Sie finden überhaupt gar nicht häufiger einen Parkplatz. Sie reden uns das nur ein. Und sich selbst natürlich auch. Damit alle denken: »Was sind das nur für großartige Leute. Irgendetwas machen die richtig und wir falsch.«

Stattdessen musst du wissen: Wo die Leute mit dem Auto hinfahren wollen, da gibt es so gut keine Parkplätze mehr. Für dich nicht, für mich nicht und für unsere sonnigen Zweckoptimisten schon erst recht nicht. Warum nicht? Erstens: Weil überall Parkplätze abgebaut werden, zumindest die, die nichts kosten. Wir dürfen unsere Autos nur noch dort abstellen, wo wir im Minutentakt dafür zahlen müssen. Und nach zwei, drei Stunden müssen wir spätestens wieder weg sein. Denn so lange beträgt die »Höchstparkdauer«. Noch schlimmer ist es, wenn du ins Parkhaus musst mit seinen engen Kurven und den Stellplätzen, die alle gleich aussehen. Du findest dein Auto gar nicht mehr wieder, wenn du dir nicht die Stellplatznummer merkst. Und wer merkt die sich schon? Ich jedenfalls nicht. Mir gehen immer ganz andere Dinge durch den Kopf, wenn ich mein Auto abgestellt habe. Zum Beispiel: Wie komme ich jetzt aus diesem Parkhaus mit seinen 35 verschiedenen Ausgängen dorthin, wo ich eigentlich hinwill?

Es gibt noch einen zweiten Grund, warum du heute keinen freien und vor allem kostenfreien Parkplatz mehr findest: Jeder, der das sagenhafte Glück hat, so einen Parkplatz zu ergattern, der gibt den nie wieder her. Eher kauft der sich ein neues Auto, als einen solchen Parkplatz aufzugeben. Und wenn der Besitzer irgendwann stirbt, dann wird dieser Parkplatz weitervererbt. Gleich nach dem Begräbnis fährt irgendein naher Angehöriger den Wagen weg. Noch ehe er die Parkbucht verlassen hat, steht schon der Erbe blinkend bereit, die Nachfolge anzutreten. Da hast du keine Chance.

Manche sind auch so dreist, mit einem Auto gleich zwei bis drei Parkplätze zu belegen. Indem sie sich schräg stellen, quer stellen, mitten auf der Markierung parkieren oder so viel Abstand zum vorderen und hinteren Auto lassen, dass sie bequem hinausfahren können, aber kein anderer Wagen mehr hineinpasst. Das ist besonders bitter, weil du dir denkst: Hätte sich dieses Fahrzeug nur ein bisschen anders hingestellt, dann hättest auch du endlich mal einen Parkplatz bekommen. Einen Parkplatz, mit dem du sorgsam umgehen würdest. Den du nicht länger in Anspruch nehmen würdest, als du ihn brauchst. In den du mustergültig hineinmanövrieren würdest, ohne jemanden zu rammen oder ihm das Ausparken unmöglich zu machen.

Natürlich stellen auch wir irgendwann unser Auto ab. Wenn wir nicht gleich ins Parkhaus fahren, kurbeln wir einfach hundertmal um den Block. Irgendwann entdecken wir eine Lücke, die breit genug scheint, unser Auto aufzunehmen. Leider scheint sie oft nur so. Und wir müssen nach einigen Rangierversuchen weiterfahren. Aber manchmal klappt es eben doch. Richtig gut sind diese Parkplätze selten. Aber wer will jetzt noch meckern? Es gibt Situationen, da muss ich mein Auto so parken, dass ich denke: »Hoffentlich fährt dir niemand den Kotflügel ab oder beult deinen Kofferraum ein.« Bis jetzt ist da noch nie was passiert. So was geschieht nämlich immer dann, wenn du am wenigsten damit rechnest. Mir hat jemand mal die komplette rechte Seite eingedrückt. Da hatte ich als Gast meinen Wagen auf einem großzügig angelegten Firmenparkplatz abgestellt. Es muss kräftig gerumst oder wenigstens geknirscht haben. In aller Ruhe konnte sich das Crashcar auf die Unfallflucht begeben. Ohne dass es irgendjemandem aufgefallen ist. Vielleicht war es aber auch der Chef von der Firma, und niemand hat sich getraut, ihn zu verpetzen.

## Warum du als Radfahrer die Arschkarte gezogen hast

Wenn du mit dem Auto in der Stadt unterwegs bist, denkst du: Radfahrer müsste man sein. Die halten sich an keine Verkehrsregeln, stehen niemals im Stau und finden immer einen Parkplatz. Einbahnstraßen dürfen die in der Gegenrichtung befahren. Geschwindigkeitsbegrenzungen gibt es nicht. Und wenn ein Radfahrer mal geblitzt wird, dann passiert rein gar nichts. Kein Wunder also, dass Radfahren immer beliebter wird. Heute schwingen sich nicht nur Ökos, Studenten und Sozialkundelehrer aufs Fahrrad, sondern auch Fitnessverrückte und Leute, die einen Angeberwagen in der Garage stehen haben. Außerdem ist die Zahl der Bekloppten mit Pedalantrieb sprunghaft angestiegen. Kein Wunder, denn unter allen Verkehrsteilnehmern genießen die Radfahrer die größte Narrenfreiheit.

Das ist wohl so. Und doch ändert sich deine Einschätzung grundlegend, sobald du selbst auf einem Fahrradsattel Platz nimmst. Erst jetzt bemerkst du, wie hart das Leben als Radfahrer eigentlich ist. Zumindest wenn man nicht zu den Bekloppten gehört. Dann hast du nämlich alle gegen dich: die Autofahrer, die Fußgänger und vor allem die bekloppten Radfahrer. Autofahrer gehen ja schon ziemlich ruppig miteinander um, hupen sich an, nehmen sich gegenseitig die Vorfahrt und beschimpfen sich. Das alles machen Radfahrer nicht. Denn an Fahrrädern gibt es keine Hupen, und »Vorfahrt« ist ein Begriff, den du als Radfahrer aus deinem Wortschatz streichen musst, willst du irgendwo heil ankommen. Als Autofahrer hast du auch mit üblen Typen zu tun. Aber die versuchen wenigstens nicht, dich zu überholen, während du an einer roten Ampel wartest. Bei Radfahrern ist das jedoch die Regel. Du stehst vorne, und dann schleicht sich erst einer an dir vorbei und dann noch einer und noch einer. Dabei sind das nicht mal diejenigen, die dich sowieso locker abhängen, wenn es grün wird. Nein, gerade Fahrer mit Startschwierigkeiten versuchen das wettzumachen, indem sie sich vor jeder Ampel die »Pole-Position« erschleichen.

Überhaupt hat Radfahren in der Stadt sehr viel von einem Wettrennen. Ständig wirst du von behelmten Leistungssportlern angeklingelt, überholt und abgehängt. Aber es gibt auch welche, die dich gezielt ausbremsen, eben mal nach links oder nach rechts ausscheren oder einfach stehen bleiben. Wie man das so kennt aus der Formel 1, wenn sich zwei Rennwagen eben mal von der Rennstrecke schieben oder mit einem Reifenschaden liegen bleiben.

Und da wir schon von Reifenschäden sprechen: So was kennst du als Autofahrer nicht, dass auf der Straße scharfkantige Gegenstände herumliegen, die deine Reifen kaputtmachen. Als Radfahrer hast du ständig damit zu tun. Ja, du kannst einen Radweg geradezu daran erkennen, dass winzige Glasscherben darauf herumliegen. Wer ein Getränk zu sich genommen hat, der zerschmettert seine Flasche gerne dort, wo er Radverkehr vermutet. Das genügt, um viele, viele Radfahrer zu stoppen. Zumindest diejenigen, die so unvorsichtig sind, auf einem Radweg zu fahren. Radwege sind aus dem modernen Stadtverkehr nicht mehr wegzudenken. Sie erfüllen unzählige Zwecke: Kurzparker stellen ihre Autos dort ab. Unternehmensberater ziehen dort ihre Rollkoffer hinter sich her. Und Hundebesitzer sperren mit ihren langen Leinen den Fahrradweg, wenn ihr Köter zum nächsten Baum läuft und sie lässig auf dem Bürgersteig stehen bleiben. Außerdem werden Fahrradwege als Flaniermeile von Tagträumern genutzt. Manche stellen sich auch mit ihrem Smartphone auf den Radweg, möglichst mit dem Rücken gegen die Fahrtrichtung. Kleine Kinder, die ihren Eltern davonlaufen, flüchten am liebsten auf den Radweg. Im Winter wird der Schnee auf die Radwege geschippt und im Herbst dort das Laub zu Haufen aufgeschichtet. Kein Wunder also, dass du als Radfahrer auf dem Radweg ständig damit beschäftigt bist auszuweichen: auf die Fahrbahn, auf den Bürgersteig oder irgendwelche Grünstreifen, die dir die freie Weiterfahrt ermöglichen.

Am besten also, du fährst gleich auf der Straße – wie die Autos. Das allerdings können viele Autofahrer nicht leiden. Sie versuchen, dir das Leben so schwer wie möglich zu machen. Warum nur? Reden wir nicht drumherum: Sie hassen Radfahrer. Besonders schlimm ist es, wenn du mit deinem

Fahrrad an ihnen vorbeiziehst, sie überholst, was im Stadt- verkehr fast nicht zu vermeiden ist. Man könnte glauben, sie empfinden das als Niederlage. Wenn du mit deinem klappri- gen Rad schneller vorankommst als sie mit ihrem 40 000-Eu- ro-Schlitten. Darum fahren sie möglichst weit rechts. Mit ab- gespreiztem Kampfrückspiegel, an dem du ganz sicher nicht vorbeikommst. Dann musst du bremsen, und der Autofahrer ist zufrieden.

Wenn du selbst hinterm Steuer sitzt, dann bist du fas- sungslos, wie leichtsinnig sich manche Radfahrer in Gefahr begeben. Begegnet dir ein Radfahrer, fährst du besonders langsam und überholst ihn in einem möglichst großen Bo- gen. Doch so denken nun mal nicht alle Autofahrer. Es gibt einige, die würden dich am liebsten über den Haufen fahren, wenn du auf dem Fahrrad sitzt. Das machen sie zwar nicht, aber sie sind immer knapp davor, dich vom Rad zu räumen. Sie beachten dich einfach nicht. Dass du nicht mit ihnen zusammenkrachst, ist dann dein Problem. Die Dellen im Kotflügel und die Kratzer im Lack riskieren sie einfach mal. Oder sie starten Scheinangriffe. Wenn du geradeaus über die Kreuzung willst, dann treten sie vor dem Abbiegen noch mal kurz aufs Gaspedal. Du glaubst, das war's jetzt – doch be- vor sie dich treffen, treten sie gerade noch rechtzeitig auf die Bremse. Diese Könner.

Es gibt natürlich auch Fahrer, die beherrschen diese Ma- növer nicht so gut. Dann gehst du zu Boden, brichst dir die Knochen, aber du hast etwas, was nur ganz wenige Radfahrer haben, die mit Autos zusammenknallen: keine Schuld. Es sei denn, die Ampel stand für dich auf Rot. Als Radfahrer ach- test du ja nicht so sehr auf diese Dinge. Denn Radfahreram- peln stehen ja fast immer auf Rot. Womit wir beim letzten Thema in diesem Kapitel angekommen wären.

## Warum du an der Ampel immer Rot hast

Hast du schon mal von der »grünen Welle« gehört? Verkehrs-planer sind mächtig stolz darauf. Bei einer »grünen Welle« sind alle Ampeln so geschaltet, dass sie grün sind, wenn du auf die Kreuzungen zufährst. Aber nur, wenn du dich an die vorgeschriebene Geschwindigkeit hältst. Dann hast du überall freie Fahrt. Das klingt nach einer richtig genialen Idee. Doch wie die meisten richtig genialen Ideen funktioniert sie kaum in der Praxis. Das sagen die nur so. Damit sich die Leute aus-nahmsweise mal an die Geschwindigkeitsbegrenzung halten. Und sehr viele machen das auch. Aber eben nicht alle. Und schon kannst du es vergessen mit der grünen Welle. Denn da-mit die funktioniert, muss der Verkehr halbwegs gleichmäßig fließen. Und wann hast du so was schon mal erlebt?

Noch stärker bringen Einbieger das geordnete System der grünen Welle durcheinander. Und Einbiegespuren oder Querstraßen mit ungeduldig blinkendenden Einbiegern gibt es doch wirklich an jeder Straßenecke.

Was hingegen immer funktioniert – egal, wie schnell du fährst –, das ist die rote Welle. Jede Ampel springt auf Rot, sobald du dich ihr näherst. Und wenn du abbiegen willst, dann darfst du dich meist durch mehrere Rotphasen hin-durch vorarbeiten. Manchmal frage ich mich schon, ob in meinem Auto irgendein Sensor eingebaut ist, der jede Ampel auf Rot umschaltet, wenn ich komme. Das ist das Hinterhäl-tige dabei: Erst ist sie noch grün, ich denke: Schaffe ich es noch? Ich beschleunige leicht – und schon zeigt sie Gelbrot und dann nur Rot. Sodass ich immer, wenn ich vor einer Am-pel Gas gebe, gleich auf die Bremse treten kann. Manchmal klappt das aber nicht mehr. Dann muss ich – leider, leider – noch mal aufs Gas, um mich bei Dunkelgelb über die Kreu-zung zu retten. Nirgendwo ist das Bremsen so schwierig wie vor einer Ampel, die gerade auf Rot schaltet. Denn hinter dir, da hoffen sie doch alle, dass du noch anständig Gas gibst, damit sie auch noch rüberkommen. Manchmal, da staunst du nicht schlecht, wie lang die Karawane von Fahrzeugen ist, die du noch im Schlussspurt über die Kreuzung führst. Bremsen wäre da doch der reine Wahnsinn. Zumal es noch eine ganze Weile dauert, bis die anderen grünes Licht bekommen und losfahren dürfen. Es gibt also eine tote Phase, in der alle Rot haben und der Verkehr ruht. Das macht dich fertig. Denn es gibt natürlich keine Phase, in der alle Grün haben. Aber Rot für alle – das geht natürlich in Ordnung. Und wenn ich mich nicht täusche, wird diese Phase immer länger. Vermutlich reden sich die Verkehrs- planer auf die Sicherheit heraus: Wenn alle Rot haben, können sie nicht so leicht zusammenstoßen. Dabei erreichen sie mit dieser Maßnahme doch nur eines: Dass wir alle immer gereiz- ter werden. Wenn du dauernd gestoppt wirst, ohne dass der Verkehr fließen kann, dann fühlst du dich, jawohl, verarscht.

Manche Ampeln springen übrigens nur ganz kurz auf Grün. Meist sind das Fußgängerampeln an großen Kreuzungen. Es wird grün, die Leute gehen los, und noch ehe sie die Mitte der Fahrbahn erreicht haben, springt die Ampel schon wieder auf Rot. Du hast also überhaupt keine Chance, du gehst am Ende immer bei Rot rüber. Was soll das? Angeblich ist alles in bester Ordnung. Es kommt nur darauf an, dass du bei Grün losgehst. Dann passt das schon. Doch die eigentliche Botschaft an die Fußgänger lautet natürlich: »Hey, Leute, ihr seid zu lahm. Legt mal einen Zahn zu.« Genau das kannst du nämlich auch beob- achten, vor allem bei den Leuten, die nicht so schnell zu Fuß sind: Leute mit Krücken, Gehhilfen oder kleinen Kindern, die noch nicht so sicher auf den Beinen sind. Die werden regelmä- ßig von Panik erfasst, wenn es schon wieder rot wird und sie noch nicht mal die Hälfte des Wegs geschafft haben. Sie beei- len sich, so gut sie können, scheuchen ihre Kinder, humpeln in

Höchstgeschwindigkeit, geben ihrem Rollator die Sporen, um der drohenden Automeute zu entkommen.

Bleiben noch die Baustellenampeln. Das sind eigentlich die schlimmsten. Wegen einer Baustelle steht nur eine Spur zu Verfügung. Und die wird wechselseitig in beiden Richtungen befahren. Wer fahren darf und wer warten muss, das regelt die Baustellenampel. Schlimm sind sie aus drei Gründen: Sie tauchen immer dann auf, wenn du am wenigsten mit ihnen rechnest. Du hast es eilig, willst dem Stau auf der Autobahn entkommen und nimmst die Landstraße – und plötzlich taucht sie aus dem Nichts auf. Die Baustellenampel, die selbstverständlich Rot zeigt. Baustellenampeln zeigen immer Rot. Das ist ihre Grundeinstellung. Damit nicht genug, denn zweitens sind die Rotphasen bei so einer Baustellenampel unendlich lang. Manchmal kommst du schon in Grübeln, ob die ganze Anlage nicht defekt ist und auf Rot stehen geblieben ist. Denn aus der Gegenrichtung, da kommt niemand. Die Straße ist leer, ausgestorben. Du bist allein. Also, was sollst du tun? Einfach mal losfahren und schauen, was passiert? Doch lieber nicht. Und so wartest du und wartest du, bis schließlich doch ein paar Autos auftauchen. Sind sie weg, bereitest du dich innerlich darauf vor, dass du gleich dran bist. Du lässt den Motor an und wartest. Du stierst auf die Ampel, als könntest du sie mit dem Blick zwingen, grün zu werden. Und kurz bevor du die Hoffnung aufgegeben hast, geschieht das Unglaubliche: Du bekommst grünes Licht. Und das führt uns zum letzten Punkt: Diese Baustellenampeln werden meist von jemandem gesteuert. Je nach Verkehrsaufkommen soll der mal der einen, mal der anderen Richtung grünes Licht geben. Meist entscheidet er sich für die andere. Du hast es also nicht mit einem niederträchtigen System zu tun. Es ist ein Mensch, der dir hier das Leben schwer macht. Eigentlich ist das nicht überraschend. Denn wenn du verarscht werden sollst, dann kann die Technik den Menschen einfach nicht ersetzen.

# Belogen im Beruf

Auf A folgt B, nach dem Auto nehmen wir uns den Beruf vor. Und der ist ein echtes Schwergewicht unter unseren Themen. Die meisten von uns verbringen mehr Zeit in ihrem Beruf als in ihrem Auto. Was die Leute von dir halten, wie sie dich behandeln, das hängt nicht nur von deinem Auto ab, sondern auch von deinem Beruf. Es gibt aber noch mehr Gemeinsamkeiten: Sowohl im Auto als auch im Beruf kommst du oft nicht so voran, wie du es dir wünschst. Und das liegt in beiden Fällen vor allem an den Leuten, die du direkt vor der Nase hast. Auch im Beruf gibt es so etwas Ähnliches wie ein Parkplatzproblem. Die besten Plätze sind bereits von Dauerparkern besetzt, und einen Stellplatz, auf dem du länger bleiben darfst, findest du immer seltener. Und schließlich bist du sowohl im Straßenverkehr wie im Berufsleben von jeder Menge bekloppter Leute umgeben. Und das sind genau die Leute, die hier wie dort den Ton angeben.

Dabei ist der Beruf eigentlich etwas Wunderbares. Zumindest könnte er es sein. Wir haben alle unsere Fähigkeiten und Talente, die wir einsetzen können, um andere zu unterstützen, ihnen zu helfen, ihnen das Leben so annehmlich wie möglich zu machen. Dafür bekommen wir Geld und Anerkennung. Beides können wir mit vollen Händen wieder unter die Leute streuen und vor allem diejenigen überschütten, die ihre Sache gut machen. Das wäre doch wunderbar, geradezu paradiesisch. Doch leider sieht die Wirklichkeit anders aus. Schau dir mal an, wer mit Geld überschüttet wird. Sind das wirklich die Leute, die andere unterstützen, ihnen helfen und ihnen das Leben so annehmlich wie möglich machen? Doch wohl eher nicht. Es sind eher diejenigen, die andere ausnehmen, ihnen den größtmöglichen Schaden zufügen und sie nach Strich und Faden verarschen.

Kein Wunder also, dass wir im Berufsleben besonders ausgiebig verarscht werden. Von Anfang bis Ende, von der Ausbildung bis zum Ruhestand, von Dienstbeginn bis Dienstschluss, vom Vorstellungsgespräch bis zur betriebsbedingten Kündigung. Ja, ganze Branchen und Berufszweige widmen sich ausgiebig der Verarschung, der Rundumverarschung von Kunden, Kollegen, Chefs, Mitarbeitern, Geldgebern und der immer wieder aufs Neue empörten Öffentlichkeit, die doch eigentlich gar nicht so viel von dem mitbekommt, was hinter den Kulissen wirklich alles schiefläuft.

Du kannst der Verarschung nicht ausweichen. Gerade wenn du einen gut bezahlten Job hast, der als besonders zukunftsträchtig gilt, ist das völlig ausgeschlossen. Denn rate mal, was für Typen von solchen Berufen angezogen werden wie die Haifische von einem Eimer Blut. Ganz sicher nicht diejenigen, die es besonders gut mit dir meinen. Sondern gierige, machtbesessene Karrieretypen, die bereit sind, alle Grundsätze über Bord zu werfen, bis auf den einen: Wer nach oben will, der muss bereit sein, über Leichen zu gehen. Und die ersten Leichen sind normalerweise so nette, harmlose Menschen wie du und ich.

Daraus darfst du aber nicht den Schluss ziehen, dass du in den krisengeschüttelten Branchen, den zweitklassigen und todgeweihten Firmen besser aufgehoben bist. Eher darfst du das Gegenteil annehmen. Denn solche Läden können sich überhaupt nur noch halten, weil sie keine Hemmungen haben, ihre Belegschaft auszunehmen. Ihr dürft schuften, während das Schiff ganz langsam untergeht und überraschenderweise nicht sofort absäuft. Das hat den Vorteil, dass sich die Kapitäne frühzeitig nach einem neuen Kahn umsehen können, den sie dann gleichfalls versenken.

Bleiben noch die normalen Jobs, die zu wenig einbringen, um von Karrieristen versaut zu werden. Die aber auch noch nicht auf der Kippe stehen, weil sie nämlich viel zu wichtig sind. Innerhalb kürzester Zeit würde alles zusammenbrechen, wenn diese Jobs niemand mehr machen würde. Und du kannst mir glauben: In diesen Berufen wirst du genauso abgezogen. Ja, vielleicht sogar noch ein bisschen mehr. Denn in den Haifischbecken und in den Verliererfirmen, da rechnest du ja damit, dass du nicht in Watte gepackt wirst. Dass die anderen jede Schwäche ausnutzen und dich austricksen. Aber in den normalen Jobs? Da helfen wir uns doch gegenseitig. Da ziehen wir doch alle an einem Strang (wenn auch manchmal in verschiedene Richtungen). Da sind wir doch alle gute Freunde, eine Supertruppe, ein echtes Dream-Team. Doch die Einzigen, die da träumen, sind diejenigen, die auf dieses Gesülze reinfallen. Freunde, es ist Zeit aufzuwachen.

# Warum im Vorstellungsgespräch niemand die Wahrheit sagt

Du suchst eine neue Stelle. Du schreibst eine Bewerbung – und dann wirst du auch noch zum Vorstellungsgespräch eingeladen. Es gibt Leute, die da schon in Jubel ausbrechen. Doch das solltest du besser bleiben lassen. Denn der schlimmste Teil der Bewerbung steht dir erst noch bevor. »Vorstellungsgespräch«, das klingt so harmlos. Und dazu wirst du auch noch »eingeladen« – wie zu einem Geburtstag, zu dem du keine Geschenke mitbringen musst. Manchmal schreiben sie einem noch: »Wir möchten Sie gerne kennenlernen.« Das hört sich gut an. So, als hättest du freie Bahn, deine faszinierende Persönlichkeit in aller Breite und Tiefe vorzuführen. Ja, sie sogar ein wenig anstaunen zu lassen. Endlich mal. Vielleicht wollen die ja auch so werden wie du.

Leider könnte kaum etwas weiter von der Wahrheit entfernt sein. Die wollen dir nicht nacheifern, die wollen dich auseinandernehmen. Dir auf den Zahn fühlen. Dich in die Enge treiben. Sie wollen herausfinden, was du für einer bist. Ob du ins Team passt, keine Verhaltensauffälligkeiten zeigst und wirklich so viel draufhast, wie du in deiner Bewerbung zusammengeschrieben hast. Oder ob du letztlich genauso eine Niete bist wie all deine Vorgänger. Und Nachfolger.

Dabei bist du in einer schwierigen Lage. Egal, was du tust, sie können dir immer einen Strick daraus drehen. Schuld daran ist der allgemeine Verarschungszwang, der sich hier in den letzten Jahren breitgemacht hat. Du hast nämlich keine Wahl: Du musst möglichst dick auftragen und die anderen überzeugen, dass du eine absolute Spitzenkraft bist. Egal, wie dürftig die Position ist, die du anstrebst. Du bist die Idealbesetzung. Die wollen hören, dass dein bisheriges Leben genau auf diese Stelle zuläuft, die sie zu vergeben haben. Sonst nehmen sie dich nicht, sondern irgend so einen Dünnbrettbohrer, der kackfrech von sich behauptet: »Ich bin Weltklasse.« Das nehmen sie dem Dünnbrettbohrer natürlich nicht ab. Aber sie denken sich: Ganz schlecht wird der schon nicht sein. Vor allem aber glauben sie von dir, wenn du zurückhaltender auftrittst: Der hat ja noch weniger auf dem Kasten. Dann nehmen wir lieber den Angeber. Willst du das verhindern, kommst du nicht drumherum: Du musst denen erzählen, du wärst besser als Weltklasse.

Das ist dir vielleicht peinlich, aber das ist erst der Anfang vom Verarschungszwang. Auf »dicke Hose machen« genügt nämlich nicht. Zusätzlich musst du auch noch ehrlich und sympathisch rüberkommen. Und das ist häufig die schwierigere Aufgabe. Das liegt natürlich nicht an dir, sondern an denen, die dir jetzt gegenübersitzen und seltsame Fragen stellen. Fragen, die sie in irgendwelchen Ratgebern gelesen haben. Fragen, auf die du Antworten geben musst, die ebenfalls in irgendwelchen Ratgebern vorformuliert sind. Denn

bin Perfektionistin und habe wenig Verständnis für Leute, die rumschlampen und ihre Arbeit nicht ernst nehmen.« Deine »Schwächen« sind entweder dein Hobby oder deine eigentliche Stärke. Die Leute müssen denken: »Wow, wenn das ihre Schwächen sind – wie sehen dann erst ihre Stärken aus?« Und das ist dann ihre nächste Frage. Und wenn nicht, dann sagst du es ihnen trotzdem.

Ich gebe zu, meine Antwort war nicht so stark, sondern ziemlich, ziemlich, ziemlich schwach. Aber ist das ein Grund, mir die Stelle, die ich schon so gut wie besetzt hatte, noch unter dem Hintern wegzuziehen? Ich meine, nein. Ich warf dem Geschäftsführer einen Blick zu. Sein Gesichtsausdruck ähnelte dem eines Mannes, der gerade auf ein ekliges, weiches Tier getreten ist. Nicht unbedingt die Reaktion, die du dir von jemandem erhoffst, der über deine Zukunft entscheiden soll.

Unter Verarschungszwang stehen aber nicht nur die Bewerber, sondern mehr noch die auf der Gegenseite. Oder glaubst du, die erzählen dir, was bei ihnen los ist? Warum deine Vorgängerin entnervt aufgegeben hat und heute lieber Papierblumen in der Fußgängerzone verkauft? Dass ihre tolle Firma von bösen alten Männern regiert wird, die du nicht ohne Grund noch nicht zu Gesicht bekommen hast? Vielleicht sind sie untergetaucht und müssen sich vor der Polizei verstecken. Vielleicht lösen sie bei jedem, der ihnen begegnet, einen Heulkrampf aus.

Nein, sie tun so, als wäre bei ihnen alles in bester Ordnung. Was schon mal gar nicht sein kann, wenn sie Leute wie dich und mich zum Vorstellungsgespräch bitten. Sie tun so, als hätten sie eine Belohnung zu vergeben, während sie dir in Wirklichkeit eine Strafe aufbrummen. Manche tun auch so, als würden sie einen superschlauen kreativen Wirbelwind suchen. Dabei wollen sie eigentlich einen engstirnigen Schnarchsack. Denn der ist der Einzige, der die erforderlichen Talente für diese Stelle mitbringt. Während so Leute wie du und ich dort schon nach einer knappen Woche innerlich verdorrt wären. Was dich wirklich auf einer neuen Stelle erwartet, wie schlimm die Kollegen sind und wie irrsinnig der Chef, das merkst du erst, wenn es schon zu spät ist: nämlich wenn du die Stelle antrittst. Womit wir schon beim nächsten Thema wären.

## Warum keiner einen Finger für dich krummmacht

Gerade in unseren Tagen bedeutet Arbeit vor allem Zusammenarbeit. Du musst mit den anderen Hand in Hand arbeiten. Wer kein »Teamplayer« ist, der kann gleich wieder gehen, heißt es in vielen Unternehmen. Wie immer, wenn etwas nett und sympathisch klingt, kannst du getrost vom Gegenteil ausgehen. Wenn du die stets hilfsbereite Arbeitsbiene bist, kannst du deine Karriere schon mal knicken. Die anderen nehmen deine Unterstützung sehr gerne in Anspruch. Aber wenn sie mal dran wären, dir unter die Arme zu greifen, dann passt das gerade schlecht. Sie haben dringend etwas anderes zu tun, rackern »bis zum Anschlag« und lassen dich leider, leider im Regen stehen. Vielleicht meinst du: Das ist aber ungeschickt. Auf so jemanden fällst du vielleicht einmal rein, aber dann nie wieder. Doch da könntest du dich täuschen.

Du darfst nämlich zwei Dinge nicht verwechseln: Das eine ist eure tägliche Zusammenarbeit, die Aufgaben, die ihr gemeinsam erfüllen müsst. Die sind oft schon kompliziert genug. Doch lässt es sich meist gar nicht vermeiden, dass ihr euch helft und gegenseitig die Bälle zuspielt. Sonst geht die Sache schief, und ihr alle bekommt Ärger. Viel interessanter wird die Angelegenheit, wenn der andere auf dich angewiesen ist, du aber eigentlich andere Dinge zu tun hast. Du hast keinen Nutzen, du hast eine erstklassige Ausrede. Und was machst du? Du hilfst. Natürlich hilfst du. Vielleicht sagst du sogar noch so was wie: »Das ist doch selbstverständlich. Wir müssen uns gegenseitig unterstützen.« Und wenn du besonders schlau bist, dann fügst du noch hinzu: »Ich weiß ja, du würdest das Gleiche für mich tun.«

Damit steht der andere ganz schön unter Druck, denkst du. Ich habe mich schon mal für Notfälle abgesichert und einen Verbündeten fürs Leben gefunden. Man muss kein Schwein sein, um beruflich voranzukommen, meinst du. Nun, wie soll ich es dir schonend beibringen? Es ist in diesem Leben leider nicht immer so, dass die Gutmütigen und die Hilfsbereiten belohnt werden. Und im Berufsleben, meine Freunde, ist das niemals der Fall. Da werden wir ausgenutzt und ausgenommen, hingehalten und abgespeist, wenn die Leute glauben: Oh, das ist ja mal ein Netter. »Ich trag die Schuhe, und du bist die Fußmatte«, heißt es in einem alten Song aus den 1990ern. Da ging es um eine Liebesbeziehung. Aber es gibt eben viele Gemeinsamkeiten zwischen Arbeits- und Liebesleben – gerade was unser Thema angeht. Und wenn dir jetzt reihenweise die Gegenbeispiele einfallen, dann darfst du sicher sein: Diese Leute machen einfach nur die bessere PR als die Typen, bei denen wir sofort merken, wie die charakterlich gestrickt sind.

Wenn du mal Hilfe brauchst, dann lassen dich aber nicht nur die Leute hängen, die nur ihre Karriere im Kopf haben. Sondern alle anderen auch. Und warum? Weil du so nett und hilfsbereit bist. Sie halten dich für harmlos, vielleicht sogar für ein bisschen dumm. Was du alles mit dir machen lässt – nicht schön. Im Berufsleben werden wir von unseren Kollegen abgescannt: Kann die mir schaden? Kann der mir nutzen? Und wenn du als harmlos giltst, dann ist es einfach keine gute Idee, sich mit dir zu verbünden. Du bist gerade gut genug, um ausgenutzt zu werden. So ist das.

Am erstaunlichsten ist aber, dass wir uns von den anderen immer wieder breitschlagen lassen und ihnen immer wieder aus ihren Unannehmlichkeiten heraushelfen. Warum tun wir das bloß? Sind wir vielleicht wirklich doof? Ich glaube, dass es daran liegt, dass wir annehmen, die anderen wären wie wir. Du hast ihnen einen Gefallen getan. Und glaubst nun, dass sie dir das hoch anrechnen. Tja, das ist nun leider nicht so. Sie nehmen, was sie von dir kriegen können. Und sie beschweren sich noch, weil du irgendwie nachgelassen hast.

Du hingegen musst bei ihnen betteln. Auf den Knien rumrutschen. Ihnen Treue bis in den Tod versprechen. Ehe sie auch nur darüber nachdenken. Vielleicht hast du ja auch dazugelernt. Bist nicht mehr so naiv. Wenn du deinen Kollegen einen Gefallen tust, dann lässt du bei nächster Gelegenheit mal durchblicken, dass du es »ganz prima fändest«, wenn »jemand« dieses und jenes für dich tun könnte. Von alleine kommen die da nämlich nicht drauf. Leider funktioniert diese Methode nur sehr unzuverlässig. Und bei denen, die wirklich etwas für dich tun könnten, weil sie nämlich beruflich in Riesenschritten vorankommen, da funktioniert diese Methode überhaupt nicht.

Hin und wieder kommt es aber doch vor, dass die Kollegen etwas für dich tun. Freiwillig. Einfach so. Ohne Winken mit dem Zaunpfahl. Du hättest es nicht für möglich gehalten, aber diese Art von Gefallen kann zu den größten Kränkungen werden, die dir in deinem Berufsleben zustoßen. Du legst dich krumm für den anderen, du haust ihn raus, findest eine elegante Lösung, auf die er mit seinem Spatzenhirn niemals gekommen wäre. Und dann, lange Zeit später, trefft ihr euch in der Kantine. »Ich bin dir ja noch einen Gefallen schuldig«, verkündet er, als würde er dir gleich einen Hauptgewinn überreichen: »Eine Reise für zwei Personen nach Paris. Sie wohnen im luxuriösen Hotel Excelsior mit Blick auf den Eiffelturm und ...« Du willst schon abwehren. Da lädt er dich zu einem Becher Kaffee ein. Das ist so popelig, dass du es nicht mal abschlagen kannst. »Mit Milch und Zucker?«, fragt er noch. »Oder nimmst du ihn schwarz?«

## Warum bei Meetings niemals etwas herauskommt

Also, ich verstehe das nicht: Jeder weiß doch, dass Meetings der größte Blödsinn sind. Alle stöhnen darüber, dass sie ständig in Meetings herumsitzen und nicht zum Arbeiten kommen. Dabei ist das noch der größte Vorteil der meisten Meetings. Du hast zwar nichts zu tun, bist aber trotzdem irgendwie beschäftigt. Bleibt deine Arbeit liegen, sagst du: »Tut mir leid, ich war im Meeting.« Und alle nicken verständnisvoll. Denn ihnen geht es ja nicht anders. Telefoniert ein Kunde hinter dir her, nimmt deine Kollegin den Anruf entgegen und verkündet freundlich: »Nein, der Herr Ahrens ist nicht zu sprechen. Der ist in einem Meeting. Soll er Sie später zurückrufen?« In vielen Berufen sind das unverzichtbare Sätze. Sie schützen dich vor der sonst unvermeidlichen Arbeitsüberlastung. Denn niemand erwartet einen Rückruf von jemandem, der zuvor in einem Meeting gesessen hat.

Meetings werden abgehalten, weil es angeblich etwas »zu besprechen« gibt. Es besteht »Abstimmungsbedarf«, oder du sollst »auf den aktuellen Stand« gebracht werden. Und zwar bei Themen, die mit deinem Leben so viel zu tun haben wie die Rückseite des Mondes. Manchmal wird in Meetings auch »diskutiert«. Dabei bestehen diese Diskussionen oftmals darin, dass alle darauf warten, was wohl der Boss sagt. Weil der aber erst mal gar nichts sagt, melden sich Leute zu Worte, die sich vorsichtig an das herantasten, von dem sie glauben, dass es der Boss vermutlich sagen wird. Damit liegen sie aber immer falsch. Denn der Boss plappert natürlich nicht einfach nach, was irgendwelche unterwürfigen Mitarbeiter ihm vorgekaut haben. Das wäre ja noch schöner. Er muss ihnen immer widersprechen, sie korrigieren, Dinge geraderücken oder sie der Lächerlichkeit preisgeben. Darum ist er ja der Boss. Er stimmt ihnen niemals zu, auch nicht, wenn er der gleichen Meinung ist. Oder sagen wir gleich: gerade dann nicht.

Es gibt auch Chefs, die gehen den umgekehrten Weg. Sie verkünden gleich am Anfang, was sie von der Sache halten, und eröffnen dann die Diskussion. Magischerweise kommt am Ende dann immer genau das heraus, was die Chefs am Anfang gesagt haben. Dabei gibt es schon Teilnehmer, die sich einen eigenen Standpunkt leisten. Dabei stellen sie sicher, dass sich ihnen niemand anschließt. Mit der vielfach bewährten Strategie: Rede wirr und erzähle Blödsinn. Dann haben sie ihre Meinung exklusiv für sich, während sich ihre besonnenen Kollegen tapfer auf die Seite vom Chef schlagen. Und so sind am Ende alle zufrieden, obwohl es nicht den geringsten Grund dafür gibt. Aber man hat irgendwie das Gefühl, intensiv diskutiert zu haben. Und am Ende hat glücklicherweise die Stimme der Vernunft gesiegt.

Doch noch schlimmer sind die Diskussionen, die sich einfach nur im Kreis drehen. Jeder darf mal was sagen. Vorausgesetzt, er geht nicht auf das ein, was andere sagen. Erlaubt ist hingegen, Meinungen zu wiederholen. Dann muss man aber so tun, als würde man etwas völlig Neues äußern. Wirklich etwas völlig Neues zu äußern ist in Meetings natürlich verboten. Es sei denn, es ist der reine Wahnsinn. Dann muss das natürlich auf den Tisch.

In Meetings wird immer wieder etwas »beschlossen«. Das erkennst du daran, dass jemand sagt: »Können wir mal darüber abstimmen?« Und zwar immer dann, wenn es gerade ganz gut für seinen eigenen Standpunkt aussieht. Abstimmungen werden aber auch gerne »verschoben«. Weil noch irgendeine Meinung »eingeholt« werden soll. Dabei geht es meist darum, dass dann beim nächsten Termin die Leute, die gegen den eigenen Vorschlag stimmen, auf Dienstreise sind oder im Urlaub oder irgendwo anders zu tun haben – und die Mehrheitsverhältnisse günstig sind. Doch was immer in einem Meeting »beschlossen« wird: Es wird sich ohnehin niemand daran halten.

Meetings sind dazu da, dass sich die Kollegen belauern. Dass du mitbekommst, wer wem in den Enddarm kriecht, wer mit Lob überschüttet wird und wer eins aufs Dach kriegt. Das hat zwar meist nicht viel zu bedeuten, sorgt aber immer für Gesprächsstoff. Und da wir gerade von Gesprächen reden: Meetings sind auch der Ort für ausgedehnte Zweiergespräche: Zwei streiten sich über ein Thema, das nur die beiden etwas angeht. Und manchmal nicht mal das. Denn ein beliebtes Streitthema dreht sich um die brisante Frage, wer wofür zuständig ist. Auch völlig Unbeteiligte können sich in diese Diskussion einmischen, um sie weiter ausufern zu lassen. Bis schließlich jemandem der Kragen platzt, der das Gespräch abwürgt. Zum Beispiel mit der beliebten Meetingphrase: »Das führt jetzt zu nichts. Macht das nachher unter euch aus.« Das klingt gut. Vor allem aber wird dadurch verhindert, dass sich die beiden Streithähne oder Hennen doch noch irgendwie einigen. Bei dem ganzen Gequatsche darf ja niemals etwas Konkretes herauskommen. Für Meetings gilt ja ohnehin die eiserne Grundregel: Treffe nie eine Entscheidung, die du nachher nicht noch umwerfen kannst.

Fruchtlose Zweiergespräche sind aber gar nicht so schlimm, wenn man sie mit der Königsdisziplin im Meeting vergleicht: dem endlosen Monolog. Vorgetragen im Regelfall von einer hochrangigen Führungskraft, die niemand zu unterbrechen wagt. Manche nennen ihn deshalb auch den »Chefmonolog«. Weil der Chef, seltener die Chefin (doch wie überall holen die Frauen auf) gerne das Wort ergreift, um einen Gegenstand allgemeinen Desinteresses ausführlich zu erörtern. Zum Beispiel seinen Urlaub. Oder sein neues Auto. Einen Zeitungsartikel, den er gelesen und mal wieder missverstanden hat. Oder seine Ansichten über den Sinn des Lebens. Dabei muss man sagen: So ein Chefmonolog wird noch übertroffen von einem Vorkommnis, das oft zwei, drei Kilo peinlicher ist: Wenn sich der Seniorchef zu Wort meldet. Üblicherweise hat der Seniorchef Ansichten, die nicht ganz auf der Höhe der Zeit sind. Und er neigt zu weitschweifigen Geschichten aus alter Zeit, als es noch kein »Storytelling« gab, sondern einfach nur wild drauflosgeredet wurde, mit vielen unerheblichen Details, die dem Erzähler plötzlich wieder einfallen. Oder auch gerade nicht, was die Geschichte weiter in die Länge zieht. Schon nach kurzer Zeit weiß keiner, worauf der Seniorchef eigentlich hinauswill. Und am wenigsten weiß das der Seniorchef selbst. Das darf aber niemand sagen. Nicht mal der Chef. Alle müssen andächtig zuhören, was der Seniorchef zu erzählen hat, wie er von einem Thema zum nächsten kommt und den Faden verliert, wenn er je einen gehabt hätte. Das Peinlichste kommt aber erst noch: Wenn er fertig ist, findet sich immer jemand, der heuchelt, dass sei jetzt aber »besonders interessant« gewesen. Nicht selten ist dieser Jemand der aktuelle Chef, der sich in solchen Moment vornimmt: Was auch geschehen mag, *ich* werde nicht so enden …

Es wird immer wieder berichtet, dass manche Teilnehmer in Meetings schlafen. Das stimmt. Häufig sind das die alten Hasen, die es sich im Lauf ihrer Berufsjahre antrainiert haben, mit offenen Augen zu schlafen, um Kraft zu sammeln für die anstehenden Aufgaben, die sich in der Zwischenzeit anstauen. Es wirkt so, als wären sie die Einzigen, die aufmerksam zuhören. Während alle anderen an ihrem Smartphone herumspielen oder versuchen, sich mit stillem Mineralwasser einen Rausch anzutrinken. Doch die echten Champions im Meeting sind die, die schlafen, während sie *reden*. Die haben es wirklich geschafft.

Alle klagen darüber, dass bei Meetings nichts herauskommt. Sie fordern, die Zahl der Meetings zu begrenzen. Oder wenigstens die Redezeit. Die Treffen im Stehen abzuhalten, damit die Leute nicht so lange quatschen. Oder gleich unter Wasser. Solche Ideen kommen nicht selten von denen, die am ungehemmtesten gegen ihre eigenen Regeln verstoßen. Aber genau darum schlagen sie das Ganze ja vor. Es macht ja viel mehr Spaß, sich danebenzubenehmen, wenn die anderen sich brav an die Abmachungen halten müssen.

Abschließend müssen wir die Dinge allerdings schon ein wenig geraderücken. Nicht immer sind diese Sitzungen reine Zeitverschwendung. Natürlich gibt es auch Meetings, bei denen sehr wohl etwas herauskommt. In denen wichtige Entscheidungen getroffen werden. Entscheidungen, von denen sehr viel abhängt: deine Arbeit, deine Zukunft und die deiner Kinder. Das sind die Meetings, zu denen du niemals eingeladen wirst.

# Warum alle dir die Schuld in die Schuhe schieben

Wir alle machen Fehler. Ständig. Das lässt sich überhaupt nicht vermeiden. Gerade wenn man so einen anspruchsvollen Beruf ausübt wie du und ich. Da klappt eigentlich gar nichts so hundertprozentig. Einer baut immer Mist. Das Gute ist: Die meisten Fehler fallen überhaupt nicht auf. Und wenn sie doch auffallen, dann sind diejenigen, die sie bemerken, klug genug, die Klappe zu halten und so zu tun, als wäre alles in bester Ordnung. So kommen wir alle halbwegs passabel über die Runden und wissen doch: Eigentlich läuft vieles nicht so, wie es soll. Meist ist das kein Drama, sondern »ganz normal«, wie wir Profis sagen. Und am Ende geht es meist ja doch irgendwie gut.

Aber eben nicht immer. In solchen Fällen wird ein Schuldiger gesucht. Einer, an dem es letztlich gelegen hat. Einer, auf den alle mit dem Finger zeigen können. Alle machen Murks, aber einer soll dafür geradestehen. Du nämlich. Warum es ausgerechnet dich trifft? Dafür gibt es mehr Gründe, als du denkst.

Einer davon: Sobald sich abzeichnet, dass etwas schiefgeht, verfallen alle in den Modus: »Also, an mir hat es nicht gelegen.« Alle, nur du nicht. Denn dir ist das zu dumm. Eine billige Ausrede, die jeder durchschaut. Die Leute fühlen sich doch verarscht, wenn du dich so rauswindest. Das stimmt. Es ändert aber nichts an der traurigen Tatsache: Wenn du dich nicht rauswindest, bleibt die ganze Sache an dir hängen. Weil du zu deiner Verantwortung stehst, einigen sich alle anderen darauf, dass du die Sache verbockt hast.

Zweiter Grund: Jemand will dir etwas anhängen. Vielleicht stehst du ihm im Weg. Vielleicht bist du besser als er, sympathischer, klüger und talentierter. Das ertragen viele Leute nicht: Ehrgeizige Kollegen, die Karriere machen wollen. Faule, dumme, unfähige Kollegen, die wenigstens verhindern wollen, dass du Karriere machst. Und natürlich deine Vorgesetzten. Wenn du zu sehr glänzt, bekommst du von deinem stumpfen Chef zuverlässig eins auf die Nuss. Sogar wenn du gar nichts angestellt hast. Sogar wenn du das einzige weiße Lamm unter lauter schwarzen Ferkeln bist.

Und dann gibt es noch einen dritten Grund: Du hast tatsächlich einen Fehler gemacht. Egal, ob groß oder klein. Das Entscheidende ist: Die anderen waren ausnahmsweise einmal nicht beteiligt. Oh, das ist jetzt aber eine günstige Gelegenheit, dir eins mitzugeben. Leute, die sonst jede Menge Bockmist bauen, erklären treuherzig, dass sie bestimmt »auch nicht perfekt« sind. Aber das, was du gemacht hast, das darf nicht passieren. Das ist wirklich ganz schlimm. Manchmal sind solche Fehler auch das Startsignal dafür, dass nun alle über dich herfallen und dich kleinmachen. Vorher bist du noch der Liebling von allen. Sie mögen deine unkonventionelle Art, deinen frechen Charme. Sie bewundern, wie beherzt du die Dinge angehst. Oder wie bedächtig, je nachdem. Die Ersten fangen an, dich zu kopieren. Und dann – das! So ein dicker Fehler aber auch. Und der geht ganz allein auf deine Rechnung. Oh, oh, irgendwie haben das einige schon geahnt. Sagen sie jetzt. So, wie du damals durch die Tür gekommen bist – gleich hatten sie ein schlechtes Gefühl. Sie haben damals nichts gesagt. Oder nur hinter vorgehaltener Hand. Sie wollten dir ja eine Chance geben. Vielleicht irrten sie sich ja. Hoffentlich irrten sie sich, so sagten sie damals zu den anderen und wiegten nachdenklich ihren Kopf. Aber das ungute Gefühl, das hatten sie sofort. Und das müssen sie jetzt, da du am Boden liegst, allen anderen erzählen. Damit du nie wieder hochkommst. Hoffen sie.

Es gibt Leute, die machen aus so einer Sache ein richtig großes Ding. Da gerade niemand so richtig gut auf dich zu sprechen ist, nutzen sie das aus. Sie versuchen, dir so ziemlich alles anzuhängen, was in den letzten Jahren schiefgelaufen ist. War das nicht deine Idee? Warst du nicht die treibende Kraft hinter all dem Unglück? Und was ist mit dem Klimawandel? Steckst du da nicht auch dahinter? Wundern würde es sie nicht …

Dagegen hilft nur ein Mittel: Wann immer etwas schiefgehen kann, musst du andere Leute mit ins Boot holen. Im Berufsleben ist es nämlich genau andersherum als bei einem

richtigen Kahn, der untergeht, wenn sich zu viele Schwerge-
wichte darin befinden. Bei der Arbeit gilt die Grundregel: Je
mehr von den dicken Jungs du an Bord hast, umso weniger
wahrscheinlich säufst du ab. Da kannst du Fehler machen
wie die Europäische Zentralbank.

Die wahren Großmeister sind jedoch die, denen es gelingt,
sich rechtzeitig von den eigenen Schnapsideen abzusetzen
und sie anderen anzuhängen. Das gelingt natürlich am besten, wenn sie auf dem Chefsessel sitzen. Wobei: So ein richtiger Chef, der ist viel zu sehr mit dem Chefsein beschäftigt.
Der hat gar keine eigenen Ideen. Vielmehr umkreisen ihn
ständig die Ideen und Vorschläge von anderen wie die Fliegen
den Misthaufen. Oder sagen wir lieber: Wie die Fliegen diese
Klebestreifenfallen, die du früher auf jedem Bauernhof gesehen hast, im Esszimmer. Das Prinzip ist so ziemlich das gleiche: Ideen, die dem Chef zu nahe kommen, bleiben an ihm
haften und kommen nicht mehr von ihm los. Sie sind jetzt
seine eigenen. Und ähnlich wie die Fliegen auf dem Klebe-
streifen, so müssen auch viele Ideen, die beim Chef gelandet
sind, grausam verenden. Aber jetzt kommt der Unterschied:
Merkt der Chef, dass die Idee doch nicht so gut war, wie er
dachte, dann beginnt er damit, sich allmählich von der Idee
abzusetzen. Aufmerksame Mitarbeiter bemerken das und
geraten in Unruhe, wenn die Idee mit ihnen in Verbindung
gebracht werden kann. Vollkommen zu Recht, denn der Chef
lässt es nicht dabei bewenden, die Idee wieder abzustoßen.
Er muss sie auch noch einem anderen anhängen. Einem, von
dem man später sagen kann: »Das ist doch auf Ihrem Mist
gewachsen.« Haben die aufmerksamen Mitarbeiter hingegen
nichts mit der Sache zu tun, beginnen sie ihrerseits, die Idee
kritisch zu hinterfragen. Besonders Kühne ziehen sie sogar
ins Lächerliche, weil das so wirkt, als würden sie sich eine
eigene Meinung leisten. In jedem Fall wird es eng für dieje-

nigen, die solche Ideen umgehängt bekommen wie einen Mühlstein, der sie in die Tiefe zieht. Das alles lässt sich nur verhindern, wenn du es machst wie alle anderen: Habe gar keine eigenen Ideen. Das ist immer noch die sicherste Methode, beruflich voranzukommen.

## Warum der Schleimer aus dem Büro nebenan befördert wird

Arschkriecherei steht nicht in höchstem Ansehen, wenn ich das richtig sehe. Alle erzählen sie dir, wie ekelhaft sie diese Schleimer finden. Diese »Chefwitzlacher«, »Fußatmer« und Jasager. Ja, auch deine Chefin kann sie nicht leiden. Sie will Typen mit Charakter und Rückgrat, die ihr auch mal Kontra geben und anständig die Meinung geigen. Denn nur so habe sie die Chance, sich weiterzuentwickeln. Sagt sie immer wieder gern, wenn ihr wieder mal kübelweise Lob über ihr abgekippt habt. Also, geh du voran und reibe ihr mal ihre eklatanten Schwächen unter die Nase: Zum Beispiel, dass sie es allen recht machen will, Konflikte unter den Teppich kehrt, sich geschmacklos kleidet … – Stopp, reicht schon! Das wird sie dir bestimmt hoch anrechnen, wenn sie dich ganz oben auf die schwarze Liste setzt.

Dass man die unangenehmen Wahrheiten im Berufsleben besser für sich behält (und welche Wahrheit im Berufsleben ist schon angenehm?), hast du hoffentlich begriffen. Das gilt ganz besonders, wenn dich jemand auffordert, doch mal offen Kritik zu üben. Da darfst du nur Dinge äußern, die eigentlich ein Lob sind. Und damit kommen wir unserem Thema schon näher. Denn das Unangenehme ist ja nicht, dass du den anderen nicht auf die Nase binden kannst, wie unfähig und charakterschwach sie sind. Was uns quält, das ist diese elende

Verlogenheit. Es kommen nämlich die Leute besonders gut voran, die angeblich keiner leiden kann, weil sie jedem, der etwas zu sagen hat, nach dem Munde reden. Wer seine Vorgesetzten unterwürfig anschleimt, bekommt keinen Ärger, sondern einen fetten Pluspunkt gutgeschrieben. Das empfinden die nämlich überhaupt nicht als Arschkriecherei. Sondern als aufrichtige Wertschätzung ihrer Person. Endlich sagt es mal jemand: Unsere Chefin ist die Beste, unser Teamleiter kann so fantastisch organisieren, und Frau Krause sieht in ihrem ockergelben Hosenanzug heute wieder todschick aus. Und keineswegs wie eine britische Tropenärztin in ihrem vergeblichen Kampf gegen die Malaria. Du kennst natürlich den feinen Unterschied zwischen Nettsein und Anschleimen. Es ist der Unterschied zwischen dir und denen, die beruflich an dir vorbeiziehen. Wenn du nett bist, dann sagst du auch nicht unbedingt die steinharte Wahrheit. Du willst den anderen nur eine Freude machen, Frau Krause, dem Teamleiter oder auch – warum denn nicht? – deiner Chefin, die es auch nicht immer leicht hat in diesem Irrenhaus. Ein Schleimer hingegen setzt seine Nettigkeit strategisch ein. Er will Vorteile abgreifen, sich eine günstige Beurteilung erwinseln oder wenigstens wohlverdienten Ärger vermeiden. Das ist nicht in Ordnung. Das ist schlechter Stil. Das hassen wir alle.

Doch das Furchtbare ist: Es funktioniert. Und zwar besser, als wir alle glauben, wie die Arschkriecherforschung kürzlich herausgefunden hat. Das gehört zu den vielen Ungerechtigkeiten im Arbeitsleben. Die Ehrlichen, die Aufrichtigen, die Meinungsstarken, du und ich, die wir versuchen, im aufrechten Gang und auf geradem Weg beruflich voranzukommen, wir werden benachteiligt und an den Rand gedrängt. Wenn wir befördert werden, dann höchstens nach draußen und nicht auf eine höhere Position, wo wir schon dafür sorgen würden, dass keiner von diesen elenden Schleimern mehr hochgekrochen kommt. Sondern nur noch die Leute, die mindestens so ehrlich sind wie du und ich. Also gut, ich gebe zu, als Chef würde ich auch keine Leute fördern, die mich scheiße finden. Aber Arschkriecherei ist einfach zu viel. Es ist peinlich. Leute ohne eigene Meinung sind mir zuwider. Wer unter mir Karriere machen will, der muss als Allererstes eine eigene Meinung haben. Und zwar nach Möglichkeit die gleiche wie ich.

Im Berufsleben werden aber nicht nur Schleimer gefördert. Fast noch grässlicher ist die Unart, die Stümper und die Unfähigen zu belohnen. Jawohl, du hast richtig gelesen. Viele Führungskräfte reagieren ausgesprochen empfindlich, wenn sie den Eindruck haben: »Da hat aber einer mehr auf dem Kasten als ich.« Sie fürchten – vollkommen zu Recht –, dass der oder die sie nach kurzer Zeit abhängen könnte. Zumindest aber würden sie viel von ihrer eigenen Strahlkraft verlieren, wenn sie gegen so ein gleißendes Licht anblinken müssten. Jeder würde merken: So toll sind sie ja gar nicht. Und manche würden sich vielleicht fragen: Warum sitzen sie überhaupt auf dieser hohen Position – und nicht diese talentierte Mitarbeiterin, die klüger, jünger und beliebter ist?

Solche Gedanken dürfen gar nicht erst auftauchen. Und deswegen lassen viele Vorgesetzte in ihrer näheren Umgebung nur trübe Tassen zu. Bist du hingegen so ein Tausendsassa, darfst du dich nirgendwo sehen lassen. Du musst still im Verborgenen rackern wie Aschenputtel im Märchen. Und wer will das schon? Vielleicht sind deine Kollegen also gar nicht so unfähig, wie du immer glaubst. Sie tun nur so. Und in Wirklichkeit arbeiten sie beinhart an ihrer Karriere.

Manche glauben ja: Nur zweitklassige Chefs haben so etwas nötig. Vorgesetzte mit Format lassen auch andere glänzen. Darauf solltest du dich jedoch nicht allzu sehr verlassen.

Häufig sind es gerade die Chefs, die alle Außenstehenden für einen Supercharmebolzen halten, die niemanden neben sich hochkommen lassen. Sie haben Ausstrahlung, Klugheit und Humor. Doch wenn du aus der zweiten Reihe ebenfalls mit Ausstrahlung, Klugheit und Humor kommst, dann wird dein erstklassiger Chef nervös. Er sitzt plötzlich nicht mehr ganz alleine auf seinem Sonnenthron. Werden ihn die Leute noch anbeten, wenn sie glauben, du kannst mit dem großen Meister mithalten? Du kennst die Antwortet. Sie lautet: Nein. Wundere dich also nicht, wenn du von den Leittieren hinterrücks einen Tritt bekommst, wenn du ihnen in die Quere kommst. Du denkst vielleicht, die haben das nicht nötig. Haben sie aber doch.

Dagegen gibt es unter den zweit- und drittklassigen Chefs etliche, die haben gar nichts dagegen, wenn du aufdrehst und deinen Charme spielen lässt. Denn dann fällt auch ein bisschen Glanz auf ihre graue Gestalt. Jeder weiß ja: Sie sind dein Chef. Die Leute denken sich: »Der ist vielleicht ein trockenes Brötchen. Aber wenn der so liebenswürdige und quirlige Mitarbeiter hat, dann wird schon irgendwas an dem dran sein.« Und sie haben recht. Die Wahrheit ist nämlich: Niemand wirft den Chef raus, weil seine Mitarbeiter so gut sind.

Bleibt noch die dritte Gruppe: Die zweitklassigen Chefs, die alle Talente in ihrer Umgebung abwürgen. Manchmal sogar die, die gar nicht näher mit ihnen zu tun haben. Es genügt, dass sie einen Raum betreten – und schon vergeht allen die Lust. Zimmerpflanzen fangen an zu welken, weil sie sich sagen: »Blühen für den? Nö.« Und den Mitarbeitern geht es ganz genauso. Vielleicht fragst du dich, wer unter solchen Führungskräften nach oben kommt. Die Antwort lautet: niemand. Sogar die Leute nicht, die befördert werden und mehr Geld bekommen. Denn unter solchen Führungskräften gibt es immer nur eine Richtung: nach unten.

# Warum die Netten immer unter die Räder kommen

Willst du beruflich vorankommen, dann kannst du dich nicht allein auf dein Wissen und dein Können verlassen. Ganz im Gegenteil, wenn sich erst mal herumspricht, dass du derjenige bist, der in eurem Laden wirklich den Durchblick hat, dann kannst du es vergessen mit der Karriere. Denn dann bist du auf deiner Position unverzichtbar. Alle wollen, dass du da bleibst, wo du bist. Und das heißt in aller Regel: ziemlich weit unten. Da wirst du gebraucht, da gehörst du hin. Vielleicht bricht der ganze Laden zusammen, wenn du deine Kollegen und deine Chefin mit deinem Wissen und deinem Können nicht mehr raushauen kannst, weil du aufgerückt bist. Das will keiner riskieren. Befördert wird nur derjenige, von dem man glaubt: Der ist hier falsch, der ist eine Etage höher bestimmt besser aufgehoben. Da kann er weniger Schaden anrichten und seine Talente besser entfalten – wenn er welche hat. Und wenn er keine hat, dann ist das auch egal. Denn je weiter du nach oben kommst, umso weniger fällt es auf, dass du keine Ahnung hast. Das Problem ist eben nur: So Leute wie du und ich kommen erst gar nicht nach oben, ich meine, so richtig nach oben – da können wir so ahnungslos sein, wie wir wollen.

Woran liegt das nur? Einige Wissenschaftler haben mal näher untersucht, welche Eigenschaften sich günstig auf die Karriere auswirken. Und was sie herausgefunden haben – da kommst du nie drauf. Worauf es ankommt, das sind: Körpergröße und Schönheit. Wie bitte? Jawohl, wer groß und schön ist, kommt beruflich besser voran, behaupten die Forscher. Besonders stark soll dieser Effekt übrigens bei Männern wirken. Kann man das glauben? Also, meine Erfahrung sieht irgendwie anders aus. Ich habe eher den Eindruck, dass es die hässlichen kleinen Männer sind, die die meiste Kohle einsacken und an den Schalthebeln der Macht sitzen. Wenn die Großen und die Schönen die Welt regieren, dann tun sie das jedenfalls so, dass es niemand merkt.

Wenn du mich fragst, so können die Leute alle möglichen Eigenschaften haben, ohne dass sich das auf ihre Karriere irgendwie bremsend auswirkt. Das gilt zumindest für unangenehme Eigenschaften. Du kannst eine fiese Ratte sein, die auch noch so aussieht wie eine fiese Ratte. Du kannst arrogant sein, egoistisch, verlogen, schmierig, unzuverlässig, hinterhältig, wahnsinnig. Du kannst dich darauf verlassen, dass es da draußen jede Menge gut bezahlter Jobs für dich gibt. In den Firmen, in den Behörden, ja, sogar in gemeinnützigen Organisationen, überall suchen sie händeringend nach den unangenehmen Menschen mit gewaltigen charakterlichen Defiziten. Die sollen irgendwo mit harter Hand aufräumen, in Blut waten, unsinnige Entscheidungen durchpeitschen oder wenigstens den Leuten das Blaue vom Himmel versprechen. Nachdenkliche, aufrichtige und vor allem nette Menschen schaffen das nicht. Das musst du zugeben. Also haben sie im Rennen um die besten Plätze ziemlich schlechte Karten.

Das ist aber noch nicht alles. Vielleicht meinst du, wenn du zu den anderen nett bist, dann sind sie auch nett zu dir. Ihr macht euch das Leben leichter, der eine hilft dem anderen. Kratzt du mir meinen Rücken, kratz ich dir deinen, solche Regeln des gepflegten Umgangs gelten ja schon in der Affenhorde. Und was soll man sagen? Ganz falsch ist das ja nicht. Die Leute mögen Menschen, die nett sind. Und sie finden, dass die unterstützt werden sollten. Nur eben nicht von ihnen. Jeder weiß es, keiner sagt es: Nett zu sein lohnt sich nicht. Das unterscheidet ja die netten Menschen von denen, die bloß berechnend sind und dich bei der ersten Gelegenheit im Regen stehen lassen. Sobald es nichts mehr abzugreifen gibt.

Nett zu sein ist die offizielle Einladung, dich zu verarschen. Eine Einladung, die nirgendwo so dankbar angenommen wird wie im Berufsleben. Trittst du eine neue Stelle an, versuchen deine Kollegen und selbstverständlich auch deine Kolleginnen herauszufinden, was du für eine bist. Bist du verträglich, hilfsbereit, liebenswert oder genauso eine menschliche Enttäuschung wie alle anderen, die in diesem Laden Karriere gemacht haben? Schon klar, am Anfang ist es gar nicht schlecht, wenn einen die Leute ganz sympathisch finden. Nur die ganz Harten ziehen es vor, sich schon am ersten Tag Feinde fürs Leben zu machen. Und man muss es zugeben: Das ist nicht immer eine gute Idee. Der Punkt ist aber: Halten die anderen dich erst mal für nett, hast du verloren. Wo lädt der Chef kurz vor Dienstschluss seinen Aktenstapel ab, der »heute noch durchgearbeitet« werden muss? Ganz klar, auf dem Schreibtisch der Netten. Wer wird vorgeschickt, mit einem tobsüchtigen Kunden zu verhandeln? Natürlich die Netten. Wer wird dringend gebraucht, schlimme Nachrichten zu überbringen, ungünstige Urlaubstage zu tauschen, widerliche Geschäftspartner bei Laune zu halten? Um solche Sachen kümmern sich die Netten. Dafür sind ihnen die anderen aber auch so was von dankbar. Müssen sie das nicht machen, sondern können sich den Dingen zuwenden, die sie beruflich wirklich weiterbringen. Das sind dann so dreckige Dinge, die nette Kollegen niemals fertigbringen würden.

Das ist aber noch nicht alles. Wenn du nett bist, darfst du dich fast immer hinten anstellen. Nur nicht, wenn es irgendwelche Unannehmlichkeiten zu verteilen gibt. Dann bist du als Erster dran. Weil du so nett bist, musst du dein Büro mit dem größten Schwätzer teilen, der unter starkem Mundgeruch leidet (offen gesagt, leidet *er* gar nicht darunter; dafür alle anderen). Weil du so nett bist, musst du dein Auto auf dem unbeleuchteten Firmenparkplatz abstellen, wo dir jede Woche jemand reinfährt. Weil du so nett bist, bekommst du die lästigsten Aufgaben, den bandscheibenfeindlichsten Bürostuhl und in der Kantine das angebrannteste Schnitzel auf dein Tablett geklatscht. Warum nur? Die Antwort lautet: Weil du am wenigsten Ärger machst. Die anderen schlagen sofort Krach, sobald man ihnen auch nur das Geringste zumutet. Sie fangen an zu motzen, machen schlechte Stimmung oder lassen sich aus Rache 1000 Jahre krankschreiben. Darauf hat niemand Lust. Das Berufsleben ist schon scheiße genug, da kann keiner auch nur ein Gramm zusätzlichen Ärger ertragen. Und deshalb bist du mal wieder dran, mein Lieber. Schon irgendwie blöd, dass so oft die Schlechtgelaunten und die Fiesen den besten Schnitt machen, weil sich niemand an sie herantraut. Aber das Traurigste kommt noch: Muss dein Arbeitgeber Personal abbauen, dann erhalten zuverlässig die Netten als Erste ihre Kündigung. Und alle finden das richtig schade.

## Warum alle Traumberufe die Hölle sind

Hast du auch so einen stinknormalen, langweiligen Beruf wie wir alle? Keine große Sache, kein Thema, mit dem du auf Partys die Gäste um dich scharst. Und Klatschreporter sind auch nicht so viele hinter dir her. Gut, damit kannst du leben. Aber manchmal, da bist du vielleicht schon ein bisschen unzufrieden. Dir fehlt etwas. Etwas mehr Spannung, etwas mehr Spaß und die Gewissheit, dass die Menschheit ohne dich und deinen beruflichen Einsatz schlechter dran wäre. Hast du alles nicht. Es gibt Tage, da erledigst du deinen Job im Halbschlaf. Und das sind noch die spannenderen. Denn in der übrigen Zeit versetzt du dich selbst in eine Art von künstlichem Wachkoma, um möglichst nervenschonend durch den Tag zu gleiten.

Du machst dir schon deine Gedanken, ob nicht noch mehr in dir steckt. Sollst du wirklich den Rest deines Lebens hier versumpfen? Unter deinen Möglichkeiten bleiben? Oder nicht endlich das machen, wovon du schon immer geträumt hast? Ein eigenes Restaurant aufmachen? Popstar werden? Pilotin? Den Regenwald retten? Endlich zum Zirkus gehen, mit brennenden Fackeln jonglieren oder mit Messern werfen? Einen richtig guten Film drehen, mit Alexandra Maria Lara und Daniel Brühl in den Hauptrollen (das Drehbuch hast du praktisch fertig im Kopf)? Oder als Bloggerin Kosmetikprodukte testen, die dir in großen Mengen frei Haus geliefert werden? Ach ja, das wäre doch was.

Meist lassen wir es dann doch sein. Weil wir uns nicht trauen. Es war ja schon schwer genug, den öden Job zu bekommen, den wir in unseren Tagträumen so gerne an den Nagel hängen würden. Aber wir haben uns an ihn gewöhnt. Die Kollegen und Kolleginnen sind doch ganz nett. Oder zumindest haben sie ihr lästiges Mobbing eingestellt, oder? Vielleicht haben sie gemerkt: Es bringt nichts. Du lässt dich von deiner Stelle nicht so leicht vergraulen. Du bist hartnäckig. Du bleibst. Wie so ein altes Kaugummi, das jemand vor langer Zeit unter die Schulbank geklebt hat und das im Lauf der Jahre so steinhart geworden ist, dass es nicht einmal der Hausmeister wegbekommt.

Das ist auch eine Leistung, finde ich. Einfach mal an seinem Platz bleiben, geduldig ausharren und das Beste daraus machen. Aber dann passiert es: Es kommt irgend so ein professioneller Mutmacher daher und redet dir ein: Du musst mit deinen Spinnereien ernst machen. Folge deinen Träumen. Sie zeigen doch, was dir wirklich wichtig ist. Wofür du »brennst« wie ein Haufen Stroh. Und was immer es ist: Da bist du besonders gut. Da bist du bis unter die Haarspitzen motiviert und begeistert bei der Sache. Da weißt du ganz genau, wofür du die ganzen Opfer bringst und dein Privatleben ruinierst. Wenn du in der Lage bist, dir etwas zu erträumen, dann schaffst du das auch. Ganz sicher. Denn den wichtigsten Teil der Arbeit hast du ja schon erledigt: den Traum. Den musst du nur noch »wahr machen«. Sonst hast du dein Leben verpfuscht.

Wenn jemand so daherredet, dann solltest du ihn umgehend vor die Tür setzen. Denn Traumberufe sind zum Träumen da und nicht dazu, dass man sie ergreift. Sonst sind sie nämlich die Hölle. Schau sie dir doch an, die Leute, die ihren Traum zum Beruf gemacht haben. Die sind alle schlechter dran als du. Die rasenden Reporter, die so viel Interessantes erleben, die selbstlosen Ärzte, die stündlich Menschenleben retten, die kreativen Künstler, die aus sich heraus eine eigene Welt erschaffen. Unter denen gibt es bestimmt mehr, die am Rad drehen oder völlig ausgebrannt sind, als unter uns fröhlichen Bürostuhlpupsern. Und wenn du dir dein Leben bis auf die Grundmauern ruinieren willst, dann eröffnest du ein Restaurant. Am besten eines, in dem du all die Spezialitäten anbietest, die du so gerne kochst. Das Problem ist nämlich: Sobald du das zu deinem Beruf machst, ist Schluss mit lustig. Du machst das alles nicht nur, wenn du gerade Lust darauf hast, sondern ständig, Tag für Tag. So 80 Stunden pro Woche. Da vergeht dir der Spaß schon im ersten Monat. Viele Restaurantbesitzer haben nicht mal Ferien. Wenn sie ihr Lokal zusperren, dann für immer. Und das passiert schneller, als man denkt. Nicht mal die »Restaurant-Retter« vom Privatfernsehen können da viel ausrichten. Die meisten Schnitzelstuben, die sie da mit viel Trara aufpeppen, sind kurze Zeit später wieder genauso pleite, wie sie vorher schon waren. Immerhin warten sie damit, bis das Kamerateam abgezogen ist.

Da denkt man doch: Wer macht so was freiwillig? Ganz einfach: Leute, die ihren Traum zum Beruf machen wollen.

Die arbeiten sich tot und verdienen nicht einmal viel Geld damit. Denn auch das gehört zur traurigen Wahrheit der Traumberufe: Reich wirst du damit nicht. Das wird zwar immer wieder erzählt. Aber das kannst du vergessen. Zumindest in 99 Prozent aller Fälle. Du verdienst dir keine goldene Nase, nur weil du etwas besonders gerne oder besonders gut machst. Um reich zu werden, gibt es nur zwei Methoden: Du erbst ein Vermögen. Und Methode zwei hat mit dem Thema dieses Buchs zu tun (wenn du im Zweifel bist, schau noch mal vorne auf dem Umschlag nach). Ganz Ausgekochte schaffen es auch, beide Methoden miteinander zu kombinieren.

Der Haken bei den Traumberufen ist einfach: Du machst es nicht wegen des Geldes. So was rächt sich bitter. Du glaubst doch nicht im Ernst, dass dir jemand Geld nachwirft, weil du in deiner Arbeit Erfüllung findest. Eher versuchen manche, daraus Kapital zu schlagen. Sie kassieren bei dir ab. Machen dich fit für deinen Traumberuf, zeigen dir die Tricks der Profis und verkaufen dir alles, was du so brauchst, um ganz vorne mitzuspielen. Und wenn du eine Knalltüte bist, so macht das gar nichts. Wie viele Ladenbesitzer, Gastwirte, Künstler und Schriftsteller zahlen drauf, damit sie sagen können: Das ist mein Beruf. Na? Wahrscheinlich die meisten.

Genau darin besteht das schmierige Geschäft der Mutmacher. Ein Mutmacher macht dir nämlich vor allem deswegen Mut, weil er daran kräftig verdienen will. Um viele Traumberufe ranken sich unzählige Vorbereitungskurse, Seminare und unmaßgebliche Zertifikate, die du dir an die Wand hängen, auf deine Internetseite stellen und auf deinen Briefkopf drucken darfst. Denn natürlich brauchst du das passende Traumberuf-Briefpapier, die Traumberuf-Internetseite und die Traumberuf-Urkundenwand, an der alle vorbeimüssen, die dich aufsuchen. Das alles kostet ein Schweinegeld, das du in deinem Traumberuf nur verdienen kannst, wenn du nebenbei als Bankräuber arbeitest. Oder eben als Mutmacher, denn die machen bei der ganzen Sache den besten Schnitt.

## Warum du heute niemanden mehr erreichst

Alle klagen heute über die »ständige Erreichbarkeit«. Sie nehmen nämlich ihr Handy überall mit. Und wenn ihr Chef mal um Mitternacht anruft, dann gehen sie sofort ran – auch und gerade wenn sie sich bereits im Tiefschlaf befinden. Der reine Terror, das muss man sagen. Die Sache ist nur: Die Chefs, die ihre Mitarbeiter um Mitternacht anrufen, kannst du an den Fingern eines Faultiers abzählen. Wenn es hochkommt, sind das drei. Drei von 300 000, sagen wir mal. Ich finde, wir haben eher das gegenteilige Problem. Die Leute, die du dringend sprechen willst, die kannst du eben nicht ständig erreichen. Sondern eher überhaupt nicht.

Das liegt einmal daran, dass die Leute, die du dringend sprechen willst, in Meetings und Besprechungen herumsitzen. Und zwar immer gerade dann, wenn du anrufst. Ich habe den Verdacht, dass viele dieser Meetings nur stattfinden, um die Teilnehmer davor zu schützen, angerufen zu werden. Stattdessen bekommst du es mit irgendeiner Kollegin zu tun, einem Praktikanten oder einer forschen Reinigungskraft. Egal, denn alle haben die gleiche Botschaft für dich: »Nein, die Frau Marhenke ist gerade nicht zu sprechen. Die ist im Meeting.« Bevor du die sinnloseste aller Fragen stellen kannst (»Wie lange wird das ungefähr dauern?«), bekommst du zu hören: »Wollen Sie später noch einmal anrufen?« Oder in der vermeintlich freundlicheren Variante: »Kann Frau Marhenke Sie zurückrufen?« Jedem Anrufer ist natürlich sonnenklar: Frau Marhenke *kann* jederzeit zurückrufen. Sie tut es nur nicht. Wir haben es ja schon angesprochen: Wer in einem Meeting sitzt, von denen kannst du eines nicht erwarten: Dass sie anschließend irgendjemanden zurückrufen. Ich meine, dann könnten sie es ja gleich bleiben lassen mit dem Meeting.

Vielleicht bist du ja in der glücklichen Lage und hast die Mobilnummer. Du glaubst: Jetzt kann dir Frau Marhenke nicht entkommen. Du wirst sie mit deinen Anrufen so lange verfolgen, bis sie endlich bereit ist, mit dir zu sprechen. Nun, da könntest du dich aber gewaltig täuschen. Und damit kommen wir zum zweiten Grund, warum du niemanden mehr erreichst. Es liegt an der sogenannten Rufnummer-Identifizierung. Die gibt es auch bei Festnetzanschlüssen, doch das Handy bietet weit mehr Möglichkeiten, dich zu verarschen. Es ist nämlich so: Rufst du irgendwo an, dann erscheint deine Nummer im Display. Und der Angerufene hat ein paar Augenblicke Zeit, darüber nachzudenken: »Nehme ich das Gespräch entgegen?« Rufst du da häufiger an, bist du vielleicht schon gespeichert – mit Namen, manchmal sogar mit Bild. Du blinkst im Display – und der Angerufene kann entscheiden: Will ich mir den jetzt anhören? Leider lautet die Antwort häufig: »Och, nö. Auf den habe ich jetzt gerade mal gar keine Lust.«

Dabei gibst du dir alle Mühe. Bist freundlich, zuvorkommend, fällst nicht gleich mit der Tür ins Haus. Doch es hilft nichts. Du kommst nicht durch. Bei mir ist das wenigstens so. Ich muss den Leuten hinterhertelefonieren. Manchmal sogar, wenn die etwas von mir wollen. Das ist dann besonders bitter: Wir sollen etwas für die tun. Aber irgendwie schaffen sie es, dass wir ihnen nachlaufen.

Und damit sind wir beim Kern der Sache: Die Leute sind für uns nicht zu sprechen, weil sie sich dadurch wichtiger fühlen. Wir sind hinter ihnen her, sie aber nicht hinter uns. Stell dir vor, du rufst jemanden an, und der ist sofort »am Apparat«, wie man früher sagte. Da fragst du dich doch: Hat der nichts zu tun? Wartet der vielleicht nur auf meinen Anruf? Will sonst niemand mit dem sprechen? Ist der vereinsamt? Eklig? Unwichtig? So was sollst du natürlich nicht von ihm denken. Vielmehr will so jemand dir weismachen: Ich bin wichtiger als du. Du bist diejenige, die hinter mir hergekrochen kommt. Und wenn du überhaupt nicht an mich rankommst, dann kann das ja nur heißen: Du bist nicht die Einzige. Sondern eine von ganz vielen in einer unendlich langen Warteschlange. Jetzt verstehst du vielleicht auch, warum niemand zurückruft. Wer zurückruft, hat verloren. Wer wirklich wichtig ist, der hat so viel zu tun, dass er erst in 100 Jahren dazu kommen würde, bei dir anzurufen. Wenn du vorher etwas besprechen willst, musst du halt noch mal anrufen.

Ganz besonders schlimm ist es, wenn du Chefin bist und bei einem anderen Chef anrufen willst. In solchen Fällen droht ein langwieriges Anrufduell – unter Beteiligung taktisch geschulten Personals. Die Sache könnte zum Beispiel so ablaufen: Deine Assistentin ruft bei dem anderen Chef an. Natürlich geht das nicht direkt. Es geht erst einmal darum, das Gelände zu sondieren und einen »Telefontermin« zu vereinbaren. Die Assistentin vom anderen Chef kann bis zur nächsten Jahrtausendwende leider keinen freien Termin entdecken. Schon klar, das war zu erwarten. Aber in der nächsten Woche, da gibt es vielleicht eine Chance, dass »kurzfristig« doch etwas frei wird, ein »Slot« von einer Viertelstunde, nämlich am Dienstag zwischen 7 Uhr 34 und 7 Uhr 49. Diesen Terminvorschlag darf deine Assistentin natürlich nicht akzeptieren. Sonst habt ihr schon in der ersten Runde verloren. Nach mehrmaligem Hin und Her einigen sich die Assistentinnen auf einen Termin, der zwar keinem so richtig passt, aber man lässt es mal auf einen Versuch ankommen. Naht der Termin, dann wird er entweder kurz vorher abgesagt. Die Assistentin ruft bei euch an, um zu verkünden: »Uns ist jetzt doch noch etwas dazwischengekommen.« Und es muss ein »neuer Termin« ausbaldowert werden. Oder besser noch: Das Telefonat wird ganz einfach vergessen. Vom Chef höchstpersönlich. Dabei hat ihn seine Assistentin extra noch daran erinnert. Das ist doch Schlamperei, findest du. Oh nein, das ist nur der unmissverständliche Hinweis an dich: Du bist zu unwichtig, als dass »der Chef« einen Gedanken an dich verschwendet.

Kommt irgendwann doch ein Telefonat zustande, dann geht es darum, bloß nicht als Erstes »in der Leitung« zu sein. Das Telefonduell geht in eine neue Runde. Deine Assistentin ruft zum vereinbarten Termin an und bittet die Assistentin des anderen, doch mal eben »durchzustellen«. Eine erfahrene Assistentin weiß natürlich, dass jetzt Gefahr droht. Würde sie einfach »durchstellen«, wäre ihr Chef dran. Er meldet sich – in der Meinung, dass du schon dran bist. Stattdessen spricht deine Assistentin den entscheidenden Satz: »Moment, ich verbinde Sie jetzt mit der Chefin.« Und dann erst kommst du ins Spiel und behandelst ihn so, als hätte er bei dir angerufen. So etwas muss unbedingt verhindert werden. Und deswegen bleiben erfahrene Assistentinnen so lange in der Leitung, bis wirklich und wahrhaftig eine ebenbürtige Führungskraft »am Apparat« ist. Vielleicht bist du der Ansicht, dass solche Verhaltensweisen bei Dreijährigen gerade noch irgendwie durchgehen, bei Erwachsenen jedoch auf gewaltige Defizite hindeuten. Nun, das sehe ich ganz genauso. Wie sollst du jemanden ernst nehmen, der aus so einer Zwergenscheiße ein Riesenproblem macht? Die Sache ist nur: Die Alphatiere, die denken alle so. Und wenn du immer derjenige bist, der den anderen nachtelefoniert und brav »in der Leitung« auf sie wartet, dann halten dich die anderen für schwach, ahnungslos oder im schlimmsten Fall sogar für nett. Dann kannst du einpacken. Von denen nimmt dich keiner mehr ernst.

Es gibt aber auch Leute, die nehmen grundsätzlich jedes Gespräch an. Die sind jedoch noch schlimmer. Denn besonders gerne telefonieren sie, wenn es gerade nicht passt. Dass es nicht passt, teilen sie allzu gerne mit: Dir und allen, die in der Nähe sind und es auch nicht hören möchten. »Hören Sie, ich sitze hier gerade in einer wichtigen Besprechung«, verkünden sie vorwurfsvoll. »Es geht jetzt wirklich nicht! Rufen Sie bitte in einer Stunde noch mal an!« In einer Stunde ist die »wichtige Besprechung« noch immer nicht vorüber, was den Angerufenen zu der Bitte veranlasst: »Geben Sie mir noch zehn Minuten!« Rufst du eine halbe Stunde später wieder an, sitzt dein Gesprächspartner bereits im nächsten Termin oder besser noch im »Taxi zum Flughafen«. Solche Taxigespräche sind überhaupt das Sinnloseste, was du dir vorstellen kannst. Denn dein Gesprächspartner kann sich nicht eine Sekunde auf dich konzentrieren. Weil er nämlich a) den Taxifahrer anweisen muss, schneller zu fahren, damit er »den Flieger« noch bekommt, b) gleichzeitig seine E-Mails und Nachrichten abcheckt sowie c) viele weitere Dinge erledigt, für die er sonst keine Zeit hat. Wie zum Beispiel Yoga. Oder Rückentraining.

Und wenn du es doch irgendwann schaffst und den anderen zu einem richtigen Gespräch triffst, dann merkst du häufig erst, mit was für einer Hohlbirne du es zu tun hast. Das Dumme ist nur, dass dein Gesprächspartner genau dasselbe über dich denkt.

## Warum du eine Wertschätzungstasse bekommst

Heute ist ein besonderer Tag. Heute geht es mal um dich. Wie du deine Arbeit machst. Tag für Tag. Seit Jahren schon. Zuverlässig und gut, ohne Murren und Mobbing. Dir kann man auch noch kurz vor Dienstschluss eine Aufgabe aufs Auge drücken, ohne dass du einen Schreikrampf bekommst. Ohne dass du mit der Kündigung drohst, dem Betriebsrat oder der *Bild*-Zeitung. Ohne dass du in die Schreibtischschublade greifst, um den bereitliegenden Revolver durchzuladen. Nie beschwerst du dich. Und wenn du dich doch beschwerst, dann geht das im allgemeinen Trubel unter. Denn die anderen beschweren sich viel lauter als du. So ist das eben, wenn man so ein rücksichtsvoller, kluger Mensch ist wie du und nicht 24 Stunden nur an sich denkt. Du hast nicht nur deine eigenen Interessen im Blick, du denkst an das große Ganze. Ohne dich könnte der ganze Laden hier dichtmachen.

Und deshalb bist du jetzt mal an der Reihe. Du bekommst heute von deiner Chefin eine Wertschätzungstasse überreicht. Eine was, bitte? Eine von diesen rustikalen Kaffeetassen, wie man sie in jeder Bürospülmaschine findet. Und tatsächlich ist sie auch spülmaschinenfest. Vor allem aber ist sie bedruckt. Bedruckt mit Worten. Worten des Dankes und der Wertschätzung – daher der Name »Wertschätzungstasse«.

Aufwendigere Modelle sind zusätzlich mit künstlischeren Motiven geschmückt. Blumen, Spiralen, Arabesken und was für Muster sich die kreativen Kräfte der Herstellerfirma noch haben einfallen lassen. Vielleicht sind die Motive auch speziell von irgendwelchen Hirnforschern entwickelt worden, um die Zusammenarbeit von rechter und linker Hirnhälfte anzuregen. Sie sehen jedenfalls ganz danach aus.

Wenn du eine Wertschätzungstasse im Internet bestellst, musst du mit 15 Euro rechnen. Mindestens. Plus Versandkosten. Das ist eine schöne Stange Geld. Vor allem wenn du bedenkst, dass echte Wertschätzung gar nichts kostet. Aber die setzt eben voraus, dass sich dein Chef mit dir beschäftigt, dass er dich kennt und irgendwie gut findet, was du machst. Drei Dinge, die du bei den Chefs, die die Tassen sprechen lassen, nicht erwarten darfst. Darum spendieren sie euch ja diese teuren Trinkgefäße. Dir – und allen anderen Mitarbeitern. Was die Verarschung dann komplett macht, denn wenn Wertschätzung über alle ausgegossen wird, ohne Ansehen der Person, dann kannst du mal scharf nachdenken, wie viel Wertschätzung in so einer Tasse steckt.

Manchmal fragt man sich schon: Wer kommt eigentlich auf solche Ideen? Früher waren Bürotassen mit humoristischen Sprüchen bedruckt wie »Wir sind bei der Arbeit und nicht auf der Flucht«. Das war auch idiotisch. Aber immerhin konntest du sicher sein, dass diejenige, die aus dieser Tasse trank, die Sache umwerfend komisch fand. Zumindest die ersten drei Tage, und danach fiel es ihr sowieso nicht mehr auf, was da draufstand. In den 1990er-Jahren kamen einige Unternehmen, denen unsaubere Geschäftspraktiken nachgesagt wurden, auf die Idee, ethische Grundsätze auf ihre Tassen zu drucken. Damit jeder sehen konnte, wie ernst sie solche Angelegenheiten nahmen. Immerhin hatten die Mitarbeiter auf diese Weise jeden Tag die noblen Prinzipien vor Augen, gegen die munter verstoßen wurde. Und so sorgte diese Maßnahme auch für große Heiterkeit bei der Belegschaft.

Aber Wertschätzungstassen? Da hört der Spaß auf und fängt unser Thema an. Kannst du dir auch nur einen deiner Kollegen vorstellen, der so einen Quatsch für eine nette Idee hält? Der nicht am liebsten in die Wertschätzungstasse hineinkotzen möchte? Entschuldigung, aber so ist es doch. Manche Wertschätzungstassen sind im beruflichen Alltag sogar eine Bestrafung. Jeder hat seine eigene Tasse, und es wird erwartet, dass du sie auch benutzt. Es ist Schluss mit den praktischen weißen Einheitstassen, die du in der Cafeteria bekommen hast und die dort in die Spülmaschine gekommen sind. Jetzt musst du deine persönliche Wertschätzungstasse dauernd mit dir herumschleppen, selbst abwaschen und nach Dienstschluss zu dir mit nach Hause nehmen. Und am nächsten Morgen darfst du die Wertschätzungstasse bloß nicht vergessen. Sonst bekommst du keinen Kaffee.

Es gibt aber noch eine Steigerung der Wertschätzungstasse: der selbst gebastelte »Denkstein«. Ehrlicherweise muss ich sagen, dass ich erst einmal davon gehört habe. Während Wertschätzungstassen ja fabrikmäßig hergestellt und in großer Zahl geordert werden. Nicht so der selbst gebastelte »Denkstein«. Der wird – wie der Name richtig vermuten lässt – von deiner Chefin selbst gefertigt. Irgendeinen wohlgeformten Stein hat sie bei ihrem letzten Urlaub auf einer Wanderung aufgelesen. Sie hat ihn mit einem passenden Sinnspruch beschriftet, von dem sie meint, dass er genau auf dich passt. Klingt erst mal recht nett, aber wenn du länger drüber nachdenkst, fängst du an, gewisse Sympathien für die idiotische Wertschätzungstasse zu entwickeln. Denn was dir deine Chefin auf den Denkstein geschrieben hat, darüber sollst du so intensiv nachdenken. Weil da nämlich dein Schwachpunkt liegt. Das ist schon unangenehm genug. Denn wer denkt schon gerne über seine Schwächen nach? Ich jedenfalls nicht. Doch es kommt noch schlimmer: Du sollst den selbst gebastelten Denkstein deiner Chefin nämlich auf deinem Schreibtisch aufstellen. Und da kann ihn jeder sehen, der in dein Büro kommt. Ah, du neigst zum Perfektionismus. Oh, du bist ein bisschen zu harmoniebedürftig. Uh, du wirst schnell nervös und verbreitest Hektik. Mit einem Wort, so ein Denkstein ist genauso nützlich wie Zahnstein. Man sollte ihn entfernen.

## Warum du unbezahlte Überstunden machst

Wie ist das eigentlich bei dir mit den Überstunden? Bist du auch so jemand, der einen ganzen Berg davon vor sich herschiebt? Und wirst du immer wieder ermahnt, diesen Berg »abzubauen«? Das klingt nach: »Machen Sie mal Pause, Sie Arbeitstier. Nehmen Sie sich einfach mal ein paar Tage, Wochen oder Jahre frei und genießen Sie das Leben. Ihre Kollegen wuppen das Ding inzwischen alleine. Und wenn Sie wiederkommen, dann lassen Sie es mal langsam angehen.« So ist es aber gar nicht gemeint. Du sollst gar nicht weniger arbeiten. Du sollst auch nicht deine Kollegen für dich einspannen. Die drehen genauso am Rad wie du und schaffen nicht mal ihre eigene Arbeit. Und wenn doch, dann müssen sie erst mal aushelfen und die vertreten, die gerade krankgeschrieben sind. Die einzigen Kollegen, die unbeschäftigt herumsitzen, haben innerlich gekündigt und kommen eigentlich nur noch zur Arbeit, um schlechte Laune zu verbreiten. Keine gute Idee, sich von denen vertreten zu lassen. Dann kannst du hinterher die Trümmer zusammenkehren und ganz von vorne anfangen. Und dazu brauchst du dann erst recht Überstunden.

Aber nein, es geht ja eigentlich um etwas ganz anderes. Deine Leistung sollst du gar nicht zurückfahren. Du sollst einfach nur deine doofen Überstunden loswerden. Wie du das machst, das bleibt dir überlassen. Du könntest zum Beispiel schneller arbeiten. Doch genauso gründlich. Jeder weiß zwar, dass das nicht geht, aber du kannst ja mal drüber nachdenken. Oder du machst einfach weniger Pausen. Redest nicht mehr mit deinen Kollegen. Dann reden sie auch nicht mehr mit dir, und ihr spart gemeinsam Zeit. Und wenn das nicht ausreicht, dann gibt es da noch eine kleine Hintertür: Du arbeitest einfach so, wie es dir passt, in deinem Tempo, ohne dass irgendjemand herummotzt. Du häufst so viele Überstunden an, wie du willst – und wirst sogar noch gelobt. Denn du sorgst dafür, dass diese Überstunden nirgendwo auftauchen. Es sind deine Überstunden. Und die gehen niemanden sonst etwas an.

Vielleicht gibt es ein Zeiterfassungssystem, eine Art Stechuhr, mit der kontrolliert wird, wie lange du an deinem Arbeitsplatz bist. Du musst dich mit deinem Ausweis anmelden, wenn du zur Arbeit kommst, und dich abmelden, wenn du wieder gehst. Nun, es gibt Mittel und Wege, das System auszutricksen. Du kannst dich »ausstempeln«, wie man früher sagte, und dich als »Besucher« wieder anmelden. Frag mal deine Kollegen. Die wissen bestimmt, wie das geht.

Oder du nimmst dir Arbeit mit nach Hause. Das soll man zwar nicht machen, aber es muss ja niemand wissen. Zu Hause bist du ungestört. Zumindest im Vergleich mit der Legebatterie von Großraumbüro, in dem du arbeitest. Zu Hause kannst du dir die ganze Nacht um die Ohren schlagen, ohne dass eine einzige Überstunde anfällt und dein Chef Ärger macht. Bei manchen klappt das so gut, dass sie am nächsten Morgen ihre Arbeit gar nicht ins Büro mitnehmen, sondern sie gleich zu Hause lassen, um sie nach Feierabend in aller Ruhe fertigzustellen.

Im Büro geht es ja meist sowieso drunter und drüber. Ständig wirst du unterbrochen und gestört. Von Kollegen, Kunden und Vorgesetzten, die nachschauen, ob alle schön fleißig sind. Dauernd will jemand was von dir. Du sollst zu diesem etwas sagen und zu jenem, irgendjemanden raushauen, der gerade wieder etwas verbockt hat, du musst über alle Arschkriecher und Vollidioten deiner Abteilung ablästern, alle paar Minuten Kaffeepausen machen oder an Besprechungen teilnehmen. Du hast alle Hände voll zu tun, doch am Ende des Tages sind diese Hände leer.

Während der normalen Arbeitszeiten ist nicht daran zu denken, dass du irgendwas geschafft kriegst. Manche fangen daher mit ihrer Arbeit überhaupt erst in den Überstunden an. Vorher spielt sich nichts ab. Denn alle sind vollkommen damit beschäftigt, sich gegenseitig von der Arbeit abzuhalten. Jetzt fragst du dich vielleicht, warum man diesen nervtötenden Part nicht einfach weglässt und du nicht gleich mit den

Überstunden anfangen darfst. Wenn dann noch Zeit übrig ist, ja, dann kannst du auch mal zu den regulären Arbeitszeiten vorbeischauen, deine Kollegen stören und geschäftig tun. Du musst zugeben, das klingt sehr vernünftig. Doch hat die Sache einen Haken: Du darfst nicht vergessen, warum man dich in deinen Überstunden in Ruhe lässt: Weil sie nichts kosten.

## Warum dich dein Chef doch lieber fallen lässt

Neulich, da hast du eine richtig gute Idee gehabt. Beruflich, meine ich. Du hast gleich gewusst: Das kann klappen. Davon kann deine Firma profitieren. Damit wird sie der Konkurrenz um eine Nasenlänge vorauseilen, jede Menge Geld einsacken, Kunden in glückliche Menschen verwandeln. Und was macht man als erfahrener Mitarbeiter, wenn man so eine richtig gute Idee hat? Stimmt, man behält sie für sich und wartet ab, ob auch ein anderer darauf kommt.

Manchmal aber geht das nicht. Die Sache beschäftigt dich zu sehr. Du kannst einfach nicht dichthalten, verplapperst dich irgendwann oder machst einfach nur einen Vorschlag – und schon ist deine Idee in der Welt. Das hätte nicht passieren dürfen. Aber jetzt ist es zu spät. Du kannst nur noch hoffen, irgendwie glimpflich aus der Nummer wieder rauszukommen. Meist hoffst du vergebens. Denn egal, wie es jetzt weitergeht, der Verlierer in dieser Angelegenheit steht schon fest. Und das bist du.

Vielleicht hält dein Chef deine Idee für richtig gut. Dann lautet die erste Frage, die ihm durch den Kopf geht: Warum zum Teufel bin ich nicht selbst darauf gekommen?! Es gibt Chefs, die werden jetzt richtig sauer. Und zwar auf dich und deine grandiose Scheißidee. Es gibt für sie nämlich nur eine Möglichkeit, sich diese Idee noch unter den Nagel zu reißen: Sie erklären dich zum Volltrottel und machen deine Idee runter. Nur um sie zwei

Wochen später als ihre eigene auszugeben. Klingt nach einer ziemlich billigen Nummer. Aber wenn ich dir verrate, dass nach übereinstimmenden Berichten der Apple-Gründer und Wunderunternehmer Steve Jobs genau das gemacht hat, so musst du zugeben: Diese Methode scheint recht gut zu funktionieren.

Es kann natürlich auch sein, dass dein Chef deine Idee gar nicht so gut findet, sondern sie für ausgemachten Schwachsinn hält. Ein solches Urteil droht dir vor allem, wenn deine Idee einer anderen in die Quere kommt. Nämlich einer von seinen Ideen. Das Schwierige ist aber, dass man häufig gar nicht sagen kann, was die Ideen vom Chef überhaupt sind. Und manchmal weiß er das selber nicht so genau. Das hält ihn jedoch nicht davon ab, deine Idee niederzumachen und dich gleich mit. Das ist nämlich die Voraussetzung, seine eigene Idee umso strahlender zur Geltung zu bringen.

Wenn sich jetzt deine Idee im Nachhinein als die bessere herausstellt, dann wird es erst recht ungemütlich. Denn du bist schuld, dass dein Chef jetzt so belämmert dasteht. Ohne deine famose Idee wäre es vielleicht gar nicht aufgefallen, dass sich dein Chef geirrt hat, dass er einen dicken Fehler gemacht hat. Vielleicht würden alle sagen: »In dieser schwierigen Situation hat unser Chef noch das Beste daraus gemacht. Wenn andere das Sagen gehabt hätten, dann wäre es bestimmt viel, viel schlimmer gekommen.« Und dann versuchen sich alle auszumalen, was noch hätte schiefgehen können. Puh, da sind wir ja noch mal davongekommen. Auch die beklopppteste Idee ist gar nicht so übel, wenn es die einzige ist, die auf dem Tisch liegt. Doch das hast du mit deinem brillanten Vorschlag zunichtegemacht. Jetzt muss eine Erklärung her, warum du dich damit nicht durchsetzen konntest. Vielleicht hast du die Sache nicht richtig dargestellt. Alles war so verworren und unverständlich. Keiner hat verstanden, worauf du überhaupt hinauswolltest. Oder du bist so ein Unsympath, dass sich keiner deiner Idee anschließen wollte. Klar ist nur: Es lag an dir. Und es ist eine ziemliche Gemeinheit, deinen Chef so schlecht aussehen zu lassen. Das wird er sich merken. Verlass dich drauf.

Noch schlimmer kann es eigentlich nur kommen, wenn dein Chef deine Idee richtig gut findet und offen unterstützt. Das macht die Sache richtig gefährlich. Denn keine Idee ist so gut, als dass sie nicht durch die Unterstützung vom Chef noch zum Scheitern gebracht werden könnte. Das liegt einmal an deinem Chef und seinem Talent, gute Ideen so lange zu fördern, bis sie sich als unbrauchbar erweisen. Dann aber weckt so eine freundliche Unterstützung auch die größte Schnarchnase unter deinen Konkurrenten. Und alle wissen: Wenn sie noch verhindern wollen, dass du ihnen auf der Karriereleiter enteilst, dann müssen sie etwas tun. Psychologen sprechen hier vom »Krabbeneimer-Effekt«. Füllt man Krabben in einen Eimer, versuchen einige herauszukrabbeln. Am besten geht das übrigens, wenn man auf die anderen Krabben draufsteigt. Denn an den Wänden von so einem Eimer rutscht man als aufstiegsorientierte Krabbe immer ab. Der »Krabbeneimer-Effekt« ergibt sich dadurch, dass es nicht einer einzigen Krabbe gelingt, aus dem Eimer zu klettern. Sie würde es schon schaffen, wenn sie nicht immer von den anderen Krabben zurückgezogen würde. Die wollen nämlich selbst die Ersten sein, die da rauskommen. Und genau deshalb bleiben alle schön im Eimer.

Für deinen Chef ist die Sache ganz einfach. Sobald sich abzeichnet, dass es Schwierigkeiten gibt mit deiner Idee, lässt er sie wieder fallen. Und dich gleich mit. Nicht, dass da noch etwas an ihm hängen bleibt. Und wenn der unwahrscheinliche Fall eintritt, dass sie doch erfolgreich ist, deine Idee, dann, ja dann ist sie schon lange nicht mehr deine Idee. Sondern jeder andere ist da auch schon draufgekommen. Und zwar lange vor dir. Vor allem diejenigen, die sie am erbittertsten bekämpft haben, sind sich ganz sicher: Eigentlich hast du ihnen die Idee geklaut.

# Familie und Freunde

Wie bitte? Verarscht von den Freunden? Verarscht von der eigenen Familie? Das kann doch nicht sein. Das gibt es doch gar nicht. Die meinen es doch gut mit dir und mir. Oder etwa nicht? Hassen sie uns vielleicht sogar? Oder betrachten sie uns als gutmütige Trottel, denen man einen leicht einen »Bären aufbinden« kann? Die ehrliche Antwortet lautet: Mal so, mal so, aber selten beides zugleich.

Seine Familie kann man sich nicht aussuchen, heißt es. Das stimmt. Aber der Spruch geht noch weiter. »Seine Freunde schon«, will er uns weismachen. Also, ich finde ja nicht, dass man sich seine Freunde wirklich aussuchen kann. Man kann ihnen höchstens eine Zeit lang aus dem Weg gehen, wenn sie allzu aufdringlich werden. Ansonsten musst du nehmen, was du kriegen kannst oder was im Lauf der Jahre an Personen an dir hängen bleibt. Schau dir doch mal deine Freunde näher an. Wenn du ehrlich bist, so musst du sagen: Darunter sind einige, die hättest du bestimmt nicht bestellt, wenn sie dir im großen Katalog der Freunde angeboten worden wären. Sondern eher andere. Freundlichere, hilfsbereitere, großzügigere.

Zu deinen Freunden gehören vielleicht Leute, die irgendwann mal neben dir gewohnt haben. Oder mit denen du in den gleichen Kurs gegangen bist. Leute, mit denen du beruflich zu tun hattest. Leute, mit denen du auf einer Party ins Gespräch gekommen bist. Du weißt bis heute nicht wieso. Leute, die das gleiche Hobby haben wie du. Leute, die du schon aus den Augen verloren hattest, die aber plötzlich wieder auf der Matte stehen. Vielleicht sollst du ihnen beim Umzug helfen oder ihren runden Geburtstag feiern, was in einigen Fällen unangenehmer ist, als ein paar Kisten zu schleppen.

Ich weiß schon, was du sagst: Das sind doch gar nicht meine Freunde! Das sind irgendwelche aufdringlichen Bekannten! Oder nicht mal das! Schon möglich, dass du das so siehst. Dein Pech ist nur, dass manche deiner Freunde das ganz anders sehen. Es gibt durchaus Freundschaften, die sind sehr einseitig. Vielleicht hast du gar keine Ahnung, mit wem du alles befreundet bist und wer im Ernstfall fest auf deine Hilfe zählt. Und es wird dich gar nicht so sehr überraschen, wenn du erfährst, dass gerade diese Freundschaften besonders dauerhaft sind.

Das verbindet diese Freunde mit den Mitgliedern deiner Familie, die ja nicht ohne Grund deine »Angehörigen« heißen. Da gibt es auch welche, die tauchen unvermittelt wieder auf. Zum Beispiel, wenn es etwas zu feiern gibt. Oder zu erben. Am liebsten aber beides zugleich. Und sie tauchen wieder ab, wenn es um solche Unannehmlichkeiten geht wie Weihnachten feiern mit dem vereinsamten Großonkel und solche Sachen. In jedem Fall dürfen sie in diesem Buch nicht fehlen. Denn gerade weil wir unsere Freunde und Familie so sehr mögen, lassen wir uns bereitwillig von ihnen verarschen.

## Warum deine Freunde immer für dich da sind, wenn du sie nicht brauchst

Freunde, das sind doch diese netten Leute, mit denen du so viel Spaß hast. Die dich zum Essen einladen, dir gute Tipps geben, lustige Geschichten erzählen, die du später als deine eigenen ausgeben kannst. Und wenn du nicht weißt, wo du deine neurotischen, liebebedürftigen Haustiere unterbringen sollst, wenn du in den Urlaub fährst, dann gib sie einfach einem Freund. Der kümmert sich um sie und verhätschelt sie, als wären es seine eigenen. Na, besser noch, denn ihr seid ja befreundet.

So denke ich mir das. Ist das zu viel verlangt? Ich meine, ich bin ja auch bereit, meinen Freunden aus der Patsche zu helfen, ihnen gute Ratschläge zu geben und mir ihre haarsträubenden Geschichten anzuhören. Du meinst gar nicht, wie blöd sich manche Freunde anstellen. Und was sie für irrwitzige Probleme haben. Doch ob du es nun glaubst oder nicht, mir fällt immer was dazu ein. Sachen, von denen ich sagen würde: Da kommt bestimmt nicht jeder drauf. Ob die nun wirklich die Lösung des Problems sind, ist noch mal eine ganz andere Frage. Aber eines muss man einfach sagen: Ich gebe mir Mühe.

Und ich kann dir nur empfehlen, es ganz genauso zu machen wie ich. Deine Freunde werden es dir danken. Auch wenn du nicht immer viel davon mitbekommst. Denn deine Freunde, ganz im Vertrauen, die benehmen sich manchmal nicht so, wie du dir das wünschst. Die stehen bei dir auf der Matte, wenn du sie wirklich nicht gebrauchen kannst. Wenn du mal deine Ruhe haben willst. Eine Auszeit brauchst. Oder wenn du irgendwas Schönes vorhast, bei dem die Gesellschaft von nervtötenden Menschen schon ein wenig stört.

Nervtötend? Freunde? Oh ja. Reden wir nicht drumherum: Freunde sind nicht immer ein Quell reiner Glückseligkeit. Manchmal gehen sie uns gehörig auf die Nerven. Ehrlich gesagt, sie ganz besonders. Leuten, die dir egal sind, gehst du einfach aus dem Weg. Du lässt sie links liegen oder sagst ihnen, wenn nötig, einige unfreundliche Dinge. Bei deinen Freunden ist das nicht so einfach. Wenn du keine Zeit hast, dann musst du Gründe nennen, warum das so ist. Und wer will das schon? Freunden entkommst du nicht so leicht. Und wenn sie dich einmal am Wickel haben, dann quatschen sie dir ein Ohr ab. Oder sie wollen wieder mal bedauert werden für irgendwelche Nichtigkeiten. Oder sie verbreiten einfach mal schlechte Laune. Du glaubst gar nicht, wie viele Leute ihre Freunde dazu missbrauchen, ihre schlechte Laune abzuladen, während sie sich bei anderen Leuten immer schön zusammenreißen.

Es gibt Freunde, die haben ein untrügliches Gespür dafür, immer dann aufzutauchen, wenn sie dich stören. Egal ob morgens, mittags oder abends, ob du im Bademantel durch die Wohnung läufst, dir gerade etwas Leckeres gekocht hast oder dich mit einer Chipstüte vor dem Fernseher niedergelassen hast. Ähnlich, wie ein Haifisch über mehrere Kilometer riechen kann, wenn irgendwo aus einer winzigen Wunde ein Tröpfchen Blut ins Meer gelangt, so wittern diese Freunde, wann sie nicht willkommen sind. Und dann setzen sich diese grausamen Giganten in Bewegung, um bei dir aufzutauchen und dir den Tag zu versauen. Vielleicht bringen sie noch ihre Kinder mit. Oder Hunde. Oder was zu trinken. Irgendetwas Alkoholisches, was sie mit dir wegputzen wollen. Dabei hast du jetzt schon Kopfschmerzen – wie immer, wenn sich dir solche Leute in Feierlaune nähern.

Was aber noch viel schlimmer ist: Wenn du deine Freunde mal brauchst – um dir Mut zuzusprechen, um auf deinen alten Köter aufzupassen, wenn du für drei Wochen nach Griechenland zum Segeln fährst, oder einfach nur, um wieder mal gemeinsam Spaß zu haben – dann, ja dann haben sie keine Zeit. Und warum nicht? Jetzt hör dir mal ihre Ausreden an! Sie haben irgendwas vor, müssen ihren Gartenzaun streichen oder ihre Kinder irgendwo abholen. So die Kategorie von Ausreden. Manche sind so dreist und sagen dir, dass sie für dich keine Zeit haben, weil sie sich da schon »mit Freunden« treffen. Also, wenn sie dich schon versetzen, dann hast du wenigstens eine beeindruckende Ausrede verdient. Eine aus der Superschwergewichtsklasse: »Sorry, da habe ich meine Abschlussprüfung.« – »Tut mir echt leid, aber da werde ich operiert.« – »Oh, das ist vielleicht schade, aber an dem Tag bekomme ich das Bundesverdienstkreuz verliehen. Wenn ich gewusst hätte, dass du da mit mir Fußball gucken willst, dann hätte ich gesagt: Sucht euch einen anderen.«

Noch besser wäre es natürlich, unsere Freunde würden sich alle Ausreden sparen und einfach für uns da sein. So wie wir für sie, wenn sie uns mal brauchen. Und wir nicht gerade absolut keine Lust auf sie haben.

# Warum du dich immer um die schlimmsten Familienmitglieder kümmern musst

Auch in den nettesten Familien gibt es Leute, die sind ziemlich unangenehm. Sie sind bösartig, sie sind laut und vulgär, sie stinken, sie beleidigen dich und deine Eltern, sie schmatzen und schlürfen, sie rülpsen und furzen und singen und erzählen doofe Witze. Und wenn sie selbst nicht grässlich genug sind, dann haben sie widerliche Tiere oder Kinder oder Kinder und Tiere, die sie immer mitbringen und die du streicheln sollst oder füttern. Woran du diese schlimmen Familienmitglieder aber auch erkennst: dass sie bei Familienfesten immer in deine Nähe gesetzt werden. Und wenn es keine Tischordnung gibt, dann richten es alle anderen immer so ein, dass du mindestens einen von ihnen am Hals hast. Und zwar den Unangenehmsten von allen.

Am anderen Ende des Tischs sitzen die Netten, die Guten, die Verwandten mit dem feinen Humor, die du so lange nicht gesehen hast. Du suchst irgendeinen Vorwand, die Plätze zu tauschen. Aber seltsam, seltsam, niemand geht dir in die Falle und nimmt freiwillig neben dem Stinkbock von Onkel Platz oder neben der angeheirateten Schnepfe, die euch sowieso alle verachtet und die in ihrer grenzenlosen Arroganz eine ebenbürtige Alternative zum widerlichen Dauerschwätzer ist. Weil sie nämlich gar nichts sagt. Was auch nicht besonders angenehm ist beim gemütlichen Beisammensein. Solche Stimmungskanonen laden die Gastgeber gerne in deiner Umgebung ab, weil sie wissen: Wenn es jemanden gibt, der es neben dieser Person aushält, dann bist du das. Höchstens vielleicht noch ihr Mann, irgendein entfernter Onkel, der die erste Gelegenheit nutzt, sich abzusetzen und mit anderen Leuten ins Gespräch zu kommen, sobald jemand den Fehler begangen hat, an seine Frau das Wort zu richten.

Alle erwarten, dass du dich um die Problemfälle der Familie kümmerst. Und wenn es davon einige gibt, dann klumpen die sich an dem Ende der Tafel, an dem du Platz nehmen sollst. Warum ist das so? Ach, du kennst die Antwort doch längst: Du bist eine der wenigen, die von Grund auf freundlich sind, die nicht 24 Stunden am Tag nur an sich selber denken, die Herzensgüte haben und auch nicht kurz vor dem Nervenzusammenbruch stehen. So was wird natürlich sofort ausgenutzt. So lange, bis auch du anfängst, am Rad zu drehen, und genauso nur noch an deinen eigenen Vorteil denkst wie alle anderen.

Da sind die Familienfeste noch der harmlose Anfang. Schon ein wenig stärker bist du gefordert, wenn du dich um Familienmitglieder kümmern sollst, die ein wenig neben der Spur unterwegs sind. Kinder, die nur noch auf Handy-Displays starren, Jugendliche, die ihr Zimmer nicht mehr verlassen. Erwachsene, die ständig meditieren und vor lauter Achtsamkeit kaum noch ihren Alltag meistern. Verwandte, die allmählich tüddelig werden, ihre Socken in den Kühlschrank legen und ihre elektrischen Geräte nur noch abschalten, wenn sie daran denken. Und sie denken nicht oft daran. Kannst du nicht mal mit denen reden? Oder was organisieren? Du stehst doch im Leben, kannst gut mit Leuten, weißt Bescheid. Und du denkst: Ja, stimmt eigentlich. Die anderen, die sollte man besser nicht an die Problemfälle heranlassen. Und so hast du sie alle an der Backe. Und wenn es erst richtig schlimm wird, mit Pflegeheim, Rundumbetreuung und Treppenlift, dann bist du gefordert. Du kennst dich aus. Du kannst die Sache in die Hand nehmen, während deine überforderten Verwandten in den Urlaub fahren, sich jetzt wirklich schonen müssen und dir ja überhaupt grenzenlos vertrauen.

Irgendwann reicht es. Irgendwann hast du keine Lust mehr. Irgendwann sagst du zu den anderen: »So, ihr Lieben, jetzt seid ihr mal dran.« Doch was passiert? Gar nichts passiert. Die Familie lässt ihre unangenehmen, unappetitlichen und unglücklichen Mitglieder einfach hängen. Es sei denn, diese haben etwas zu vererben. Dann kann dein Verwandter ein so großes Ekel sein, wie er will, so jemanden lässt man nicht hängen. Zumindest nicht, wenn sich allmählich sein Ende abzeichnet. Sagen wir, deine Kusine nimmt das mal in die Hand und regelt alles für den größten Egomanen der Familie, nennen wir ihn mal Onkel Bertram. Sie spricht mit Ärzten, Ämtern und dem Pflegepersonal. Den drei Institutionen, die am Ende unseres Lebens dafür sorgen, dass wir vorzeitig annehmen, wir wären bereits in der Hölle. Doch darfst du nicht glauben, dass es deiner Kusine darum geht, Onkel Bertram noch ein paar angenehme Tage auf Erden zu bereiten. Ihr Tun hat nur einen einzigen Zweck: Onkel Bertram vom besorgten Rest der Familie abzuschirmen. Die bekommt ihn erst wieder zu sehen, wenn er klinisch tot ist. Oder wie die Experten sagen: hirntot. Dann nämlich kann er sein Testament nicht mehr ändern.

## Warum du die Geschenke deiner Freunde niemals brauchen kannst

Freunde machen sich dauernd Geschenke. Manche jedenfalls. Nicht nur zu Geburtstag und Weihnachten. Sondern auch, wenn sie sich mal besuchen. Du lädst eine Freundin ein – schon bringt sie ein Geschenk mit. Auch wenn du ihr vorher sagst: »Bitte diesmal keine Geschenke. Komm einfach so.« Das sagst du nicht nur, damit sie sich nicht wieder in Unkosten stürzt, um dir etwas mitzubringen, das du nicht gebrauchen kannst. Das sagst du vor allem, damit du ihr nicht was mitbringen musst, wenn sie dich mal einlädt. Denn ganz klar: Bringt sie dir nichts mit, musst du ihr auch nichts mitbringen. Oder doch jetzt? Vielleicht kommen ja auch andere. Und wenn du da als Einziger mit leeren Händen erscheinst … also gut, du bringst doch etwas mit.

Dabei geht es dir gar nicht darum, Geld zu sparen. Was du sparen willst, das sind nutzlose, peinliche Geschenke. Geschenke, vor denen du später stehst und rätselst: Was hat die sich nur dabei gedacht?! Gibt es heutzutage denn keine Verkäufer mehr, die sich weigern, solche Geschmacksverirrungen abzukassieren?! Leider nein. Und es hat sie auch nie gegeben. Aber diesen Menschenschlag nehmen wir uns ja noch in einem späteren Kapitel vor.

Jetzt geht es erst mal um deine Freunde und ihre unbrauchbaren Geschenke. Manchmal fragst du dich schon, wenn die ihre seltsamen Gegenstände anschleppen: Kennen die dich nicht? Du hast doch Hobbys und Interessen. Und es gibt da draußen so viele Dinge, mit denen man dir eine Freude machen könnte. Dazu müsste man sich aber näher mit dir befassen. Und wer von deinen Freunden will das schon? Sie könnten natürlich aber auch einfach einen Laden betreten, der Dinge verkauft, die mit dir und deinem Hobby zu tun haben. In solchen Läden steht Verkaufspersonal herum, das nur darauf wartet, dass jemand ihr Spezialwissen abruft. Spezialwissen, das zum Verkauf hochwertiger Qualitätsware führt. Ich finde, da kann man als Beschenkter wirklich nicht meckern. Aber nein, auf solche Ideen kommen deine Freunde nicht. Stattdessen erwerben sie für dich irgendein Präsent aus der Kategorie:

»Was schenke ich jemandem, der schon alles hat?« Diese Annahme geht aber völlig in die Irre. Du hast eben noch gar nicht alles. Ja, es tun sich bei dir große, große Lücken auf. Und die musst du immer ganz alleine füllen. Stattdessen schleppen sie irgendwelche einfallslosen Standardgeschenke an: Eine Flasche Cognac, obwohl du nichts Hochprozentiges trinkst. Einen Gutschein für irgendwas, was jeder macht – aber nicht du.

Sehr beliebt und nicht weniger unbrauchbar sind Geschenke, die deinen Freunden gefallen. Von denen aber sicher ist, dass du nichts mit ihnen anfangen kannst. Da hast du dich niemals in deinem Leben für Pflanzen interessiert. Aber deine gute Freundin überreicht dir einen riesigen Topf mit Erde und irgendeinem grünen Teufelskraut darin. Die Anleitung, wie oft du gießen und düngen musst, liegt auch dabei. Wirf die bloß nicht weg. Du weißt später nicht mehr, was du tun musst, um dieses Zeug auf sichere Weise umzubringen. Tod durch Überdüngen. Und immer viel Wasser nachgießen, damit das Grünzeug schneller fault.

Kochfans verschenken gerne Spezialgerät, seltsame Töpfe oder irgendeine Zange zum Umwenden von Känguru-Steaks oder so was. Küchenutensilien, die du bestimmt noch nicht hast und die in jeder gut sortierten Küche gerne fehlen dürfen. Weil sie nur Platz wegnehmen und nicht damit zu rechnen ist, dass du jemals ein Känguru-Steak umwenden wirst oder so was.

Hast du Geburtstag, dann tun sich auch mal mehrere Freunde zusammen. Zu einem Gemeinschaftsgeschenk, das gerne auch mal etwas mehr kosten darf. Aber nicht viel. Der große Vorteil so eines Gemeinschaftsgeschenks besteht nämlich darin, dass alle, die sich daran beteiligen, viel günstiger wegkommen, als wenn sie einzeln irgendwelches unbrauchbares Zeug anschleppen würden. Noch praktischer für deine Freunde ist aber, dass sie sich nicht einzeln ihre Köpfe zerbrechen müssen, was um alles in der Welt sie dir schenken können. Meist ist es sogar noch praktischer: Sie müssen sich überhaupt nicht den Kopf zerbrechen, sondern nur möglichst leserlich die gemeinsame Geschenkkarte unterschreiben. Damit du auch wirklich weißt, wer sich da beteiligt hat. Also, es ist nur einer, der eine Geschenkidee für dich ausbrüten muss. Meist ist es diejenige mit dem schlechtesten Geschmack. Vielleicht löst sie aber auch nur irgendwelche Gutscheine in einem Geschenkshop ein. Das wirst du niemals herausfinden. Und willst es lieber auch gar nicht wissen.

Deine Freunde erwarten von dir, dass du erst mal die gemeinsame Grußkarte aus dem Umschlag ziehst. Da stehen so gut abgehangene Sinnsprüche drauf wie »Gib jedem Tag die Chance, der schönste in deinem Leben zu werden«. Also, an dir hat es nicht gelegen. Deine Freunde haben für dich die Chance vergeigt mit ihrem Geschenk. Denn wie sollte ein Tag der schönste in deinem Leben werden, an dem du es einfach nicht mehr leugnen kannst, dass du mit ziemlich einfallslosen Leuten befreundet bist.

Viel schlimmer ist es jedoch, wenn unter deinen Freunden jemand ist, der sich nicht zu wenig, sondern zu viele Gedanken macht – und sein Geschenk geht trotzdem in die Hose. Ja, ehrlicherweise muss man sagen, dass gerade solche originellen, kreativen, persönlichen Geschenke wenig Freude machen. Sie sind sogar besonders unangenehm, weil du so tun musst, als wären sie der absolute Volltreffer, auch wenn sie weit danebengehen. Freunde, die dir irgendein Standardgerümpel überreichen, rechnen ja nicht damit, dass du vor Begeisterung überschnappst. Aber Leute, die sich so richtig Mühe gegeben haben? Die wollen jetzt deine ehrliche Freude spüren. Sonst sind sie schwer beleidigt. Also reißt du dich zusammen und tust so, als würde dich ihr Geschenk umhauen. Das ist jedoch riskant. Denn wirkt deine Freude nur gespielt, fühlen sie sich erst recht gekränkt. Wirkt sie hingegen echt, dann bekommst du beim nächsten Mal das Gleiche noch einmal geschenkt.

## Warum manche Freunde so geizig sind

Zu den vielen unangenehmen Dingen im Leben gehört auf jeden Fall, mit einem Geizkragen befreundet zu sein. Nein, nicht mit jemandem, der sparsam ist. Geizig muss er sein. Oder sie. Denn es gibt auch richtig geizige Frauen. Wahrscheinlich nicht ganz so viele wie geizige Männer, aber das hilft dir auch nichts, wenn du eine geizige Freundin an der Backe hast. Denn geizig sein unter Freunden, das verträgt sich eigentlich gar nicht. Freundschaft besteht doch darin, dass man sich hilft und unterstützt, dass man teilt und auch mal ein bisschen großzügig ist.

Das ist in der Freundschaft mit einem Geizkragen auch nicht anders – allerdings nur, was deinen Part betrifft. Auf deinen geizigen Freund kannst du nicht so sehr bauen. Er hält sich an den Rat des britischen Schriftstellers Saki: »Überleg es dir immer zweimal, bevor du einem Freund in der Not hilfst.« Und wenn er das trotzdem einmal tut, dann wirst du dir das bis zu deiner Beerdigung anhören müssen. Das heißt, wenn ihr euch in der Hölle wiedertrefft, auch noch danach.

Ein Geizkragen versucht mit einem Minimum an Aufwand, ein Maximum an freundschaftlicher Unterstützung abzugreifen. Das verbindet ihn mit dem Schnorrer. Doch ein Schnorrer kann ein richtig netter Typ sein. Er hat Charme, er hat Witz, nur materiell sieht es bei ihm etwas traurig aus. Er bringt nicht viel auf die Reihe, möchte aber gerne ein angenehmes, genussreiches Leben führen. Dazu braucht er dich. Du spendierst ihm dieses, du spendierst ihm jenes. Und du kannst sicher sein: Wenn der Schnorrer jemals zu Geld kommt, dann bist du der

Erste, den er ganz groß einlädt. Dass er jemals zu Geld kommt, ist zwar ausgeschlossen. Aber das kann man ihm nicht vorwerfen. Denn er unternimmt in dieser Richtung keine ernsthaften Anstrengungen. Stattdessen holt dein Schnorrerfreund deine besten Eigenschaften ans Licht. Du kannst großzügig sein. Und du hast mit einem Schnorrerfreund oft eine Menge Spaß.

Nicht so mit einem Geizkragen. Denn ein Geizkragen ist kein Genießer. Er ist auch niemals charmant, sondern berechnend. Er ist kein liebenswerter Looser, sondern einer, der sich locker leisten könnte, was er dir und anderen Freunden vorenthält. Sagen wir es offen. Er verarscht euch. Und das macht es so schwer, ihn zu mögen. Ja, ihn auch nur zu ertragen. Ihr geht etwas trinken – und er hat sein Geld vergessen. Kann ja mal vorkommen. Bei ihm kommt so etwas öfter vor. Pro Freund zuverlässig einmal mindestens. Bei guten Freunden gibt es nach oben keine Grenze. Die Sache ist allerdings: Geizkragen haben keine guten Freunde.

Manchmal lässt es sich nicht vermeiden: Der Geizkragen muss sich bei dir irgendwie revanchieren. Dich auch irgendwie einladen oder dir ein Geschenk machen. In jedem Fall richtet es der Geizkragen so ein, dass er so billig wie möglich davonkommt. Nein, nicht preiswert, ein Geizkragen mag es billig. So billig, dass du die Geringschätzung deiner Person körperlich spüren kannst. Erst denkst du: Nein, das kann jetzt nicht sein. Du hast ihm großzügig geholfen, dich für ihn eingesetzt, ihm alles spendiert – und dann überreicht er dir irgendetwas, das richtig mickrig ist. Dann lieber zum Dank geohrfeigt werden, als so jämmerlich abgespeist zu werden. Ich frage mich, was geht in diesen geizigen Leuten eigentlich vor? Glauben die, wir merken nicht, dass sie zur Billiglösung greifen? Meinen die, dass wir denken: Wow, was für eine clevere Idee, den Supermarktwein aus dem untersten Regal und ein trockenes Baguette zum Grillfest mitzubringen. Da werden sich die Gäste mit Heißhunger drauf stürzen? Oder sind sie der Ansicht, dass wir stolz sind, mit so einem cleveren Sparfuchs befreundet zu sein? Von dem können wir noch viel lernen, weil wir nämlich so blöd sind, unser Geld für Dinge rauszuhauen, an denen auch andere Freude haben.

Jetzt könnte man annehmen: Also, diese geizigen Leute, die müssen über andere Qualitäten verfügen. Sonst wäre ja niemand mit ihnen befreundet. Denn so beglückend ist es eigentlich nicht, wenn du ständig denkst: Du wirst ausgenutzt. Aber mit den anderen Qualitäten, die man an Freunden schätzt, steht es auch nicht zum Besten. Ein Geizkragen ist selten besonders lebensklug, rücksichtsvoll, einfühlsam oder gar mit viel Humor gesegnet. Er kann nicht feiern, er kann nicht genießen. Und an dir, deinen Gedanken und deinen Erlebnissen hat er sowieso null Interesse. Warum um alles in der Welt bist du dann mit solchen Leuten befreundet? Die Antwort kann nur lauten: Weil du dir nie diese Frage gestellt hast.

## Warum deine Freunde es nicht möchten, dass du Erfolg hast

Tut mir leid, dir das jetzt sagen zu müssen. Aber leider gibt es nicht viele Menschen, die wirklich wollen, dass dir allzu viel gelingt. Und am allerwenigsten wollen das deine Freunde. Schon überraschend, oder? Wir denken doch immer: Es sind unsere Freunde, die uns helfen und uns unterstützen. Wenn wir nicht vorankommen, dann sind die für uns da. Wenn wir stolpern, dann richten die uns auf. Das stimmt. Und wenn wir Erfolg haben, dann freuen sich unsere Freunde ganz besonders. Nun, das stimmt eher weniger. Doch wie kann das sein? Wenn sich nicht mal unsere Freunde freuen, wenn uns etwas gelingt – ja, wer freut sich denn dann?

Wenn du mich fragst: Ich glaube, da bleiben wirklich nicht mehr viele übrig. Die Einzigen, die sich ehrlich freuen, das sind diejenigen, die annehmen, dein Erfolg wäre in Wirklichkeit ihrer. Hätten sie dir nicht geholfen, hätten sie nicht mit dir geübt, hätten sie dir nicht die entscheidenden Hinweise gegeben, du wärst so was von abgeschmiert. Davon sind sie überzeugt. Du glaubst gar nicht, wie viele Leute meinen, dass es letztlich ihnen zu verdanken ist, wenn irgendetwas klappt. Gewinnt ihre Fußballmannschaft, dann lag das daran, dass sie mit ihren grölenden Freunden so kolossal gute Stimmung im Stadion verbreitet haben. Kassiert das Team eine krachende Niederlage, dann ist der doofe Arsch von Mittelstürmer daran schuld. So ähnlich ist es eben auch bei dir. Schmierst du ab, hast du die Sache verbockt. Geht alles gut, will jeder mit aufs Siegerfoto. Wer da irgendwie mit drinhängt, der darf sich jetzt auch als Gewinner fühlen. Und wer nicht mit zum Team gehört, dem ist die Sache vollkommen egal. Oder auch nicht. Denn es gibt auch Unbeteiligte, die sich ärgern. Das sind deine Freunde. Sie gönnen dir den Erfolg nicht. Sie kennen dich einfach zu gut. Und wen sie gut kennen, der kann nur genauso eine Nulpe sein wie sie selbst.

Übrigens sind nicht nur deine Freunde so. Meine auch. Und die Freunde von vielen, vielen anderen. Das hat man sogar wissenschaftlich erforscht. Die Ergebnisse sind zu aufschlussreich, um sie hier zu übergehen. Die Forscher haben Freundespaare ins Labor gebeten, die sollten irgendwelche Aufgaben lösen. Einmal spielten sie mit ihren Freunden, einmal mit Unbekannten. Der besondere Clou war: Sie konnten es ihrem Spielpartner leicht oder schwer machen. Ganz wie sie wollten. Das Ergebnis hast du vielleicht schon geahnt: Bezeichneten die Forscher ihre Aufgaben als bloßes »Spiel«, schnitten die Freundespaare besonders gut ab. Sie kannten sich und machten sich die Aufgabe besonders leicht. Wenn die Forscher aber sagten, die Aufgabe sei ein Test wichtiger Fähigkeiten, dann drehte sich die Sache. Dann halfen die Leute lieber dem Unbekannten und sorgten dafür, dass ihr Freund nicht allzu brillant abschneiden konnte. Anders gesagt: Gerade wenn es darauf ankommt, kannst du dich auf deine Freunde nicht verlassen.

Bleibt die Frage: Warum machen die das? Die Antwort hört sich erst mal ganz gut an: Deine Freunde gehören zu den wenigen Leuten, denen du nicht egal bist. Sie fühlen sich mit dir verbunden. Das heißt aber auch: Sie vergleichen sich mit dir. Und sie haben es natürlich lieber, wenn dieser Vergleich zu ihren Gunsten ausgeht. Bist du plötzlich viel besser als sie, spielst du mit einem Mal in einer anderen Liga, ist das für deine Freunde nur schwer zu verkraften. Wenn, dann wollen sie bitte schön mit dir aufsteigen. Aber wenn du sie abhängst, dann haben sie das gar nicht gern.

Besonders quälend ist für sie, dass sie dir auch noch vorspielen müssen, wie sehr sie dir deinen Erfolg gönnen. Immerhin sind sie ja mit dir befreundet. Also klopfen sie dir anerkennend auf die Schulter, auch wenn es sie innerlich vor Neid zerreißt. Also tun sie so, als würden sie sich noch mehr freuen als du selbst. Doch wenn du genau hinhörst, dann kannst du sie ganz leise mit den Zähnen knirschen hören.

## Warum deine Freunde hinter deinem Rücken über dich ablästern

Da wir schon mal beim Thema sind, darf auch diese Unart nicht fehlen. Denn es ist nun mal so: Niemand kennt deine Fehler und Schwächen so gut wie deine Freunde. Abgesehen vielleicht von deinem Partner oder deiner Partnerin. Und deinen Arbeitskollegen. Deinen Eltern, deinen Kindern, deinen Geschwistern. Deinem Mentalcoach. Deiner Psychotherapeutin. Deiner Anwältin. Deinem Schuldenberater. Haben wir noch jemanden vergessen? Ach ja, richtig: Google. Die wissen natürlich auch Bescheid, was du für einer bist. Doch deine Freunde, die haben die Angewohnheit, sich über deine Schwächen und Fehler lustig zu machen. Davon sollst du lieber nicht so viel mitbekommen. Denn sie wollen ja deine Freunde bleiben.

Aber sie haben Spaß daran, über dich abzulästern und deine vielen Vorzüge und netten Seiten einfach mal ganz entspannt unter den Tisch fallen zu lassen. Sie äffen dich nach, sie breiten deine peinlichsten Erlebnisse noch einmal aus und rufen sich deine haarsträubendsten Irrtümer noch einmal in Erinnerung. Zum Beispiel, wie du damals deine eigene Schwester nicht wiedererkannt hast. Umgekippte Rotweingläser, Lachanfälle, Ausrutscher, laute und leise Fürze, wie du deinen Gästen mal verschimmelten Kuchen vorgesetzt hast, alles nicht vergessen, alles immer wieder gern erzählt. Und was das Schönste ist: Du bekommst nicht das Geringste davon mit. Deine Freunde wollen dich ja in dem Glauben lassen, dass sie dich von deiner Schokoladenseite sehen und deine Schwächen gar nicht bemerken. Es ist aber eher umgekehrt. Die Schokoseite ist selten Gesprächsthema, wenn du nicht dabei bist. Darüber gibt es eben auch nichts Lustiges zu erzählen. Und Spaß haben wollen sie nun mal, deine Freunde. Es gibt ja wenig genug zu lachen in diesem harten Leben. Dann nehmen sie halt dich mit deinen Macken.

Man kann nicht behaupten, dass das ein besonders feiner Zug wäre. Aber so machen das die Freunde mit allen. Nun ja, mit fast allen. Mit einigen. Zumindest aber mit dir und mir. Die Psychologen finden so was übrigens nicht weiter schlimm, sondern völlig normal. Oder sogar gesund. Unsere Freunde schaffen sich Entlastung, wenn sie uns durch den Kakao ziehen. Es ist alles nicht so ernst gemeint, sondern mehr so eine

Art Zeichen ihrer Zuneigung. Ja, die mögen dich. Leute, die perfekt sind, die können wir doch alle nicht ausstehen. In ihrer Gegenwart fühlen wir uns mickrig, dumm, hässlich und warzig. Also kannst du ganz froh sein, wenn deine Freunde nicht ganz übersehen, dass auch du deine Unvollkommenheiten hast. Sie fühlen sich mit dir umso tiefer verbunden, weil du genauso ein Trottel bist wie alle anderen.

Aber die Psychologen haben eine noch nettere Erklärung auf Lager: Wenn dich deine Freunde runtermachen, dann tun sie das, weil sie wissen, dass sie mit dir nicht mithalten können. Sie setzen sich eine dunkle Brille auf, weil sie nur so die hellen Strahlen deiner sonnigen Persönlichkeit ertragen können. Du bist so gut, dass sie dich schlechtmachen müssen, um dich gerade noch so zu erreichen. Wenn das so ist, dann geht das schon in Ordnung, dass sie ein wenig über dich abläster. Du bekommst es ja ohnehin nicht mit. Allerdings gibt es noch eine dritte Erklärung: Deine Freunde können dich wirklich nicht leiden.

## Warum du doch wieder nichts erbst

Zum Abschluss dieses Kapitels müssen wir noch mal auf unsere Familie zu sprechen kommen. Nämlich auf das Thema Tod. Es ist einfach immer schrecklich, wenn jemand aus dem Kreise unserer Familie abberufen wird, wie man so salbungsvoll sagt. Auch wenn dieser Jemand steinalt geworden ist (was ja heutzutage immer häufiger vorkommt). Auch wenn dieser Jemand nicht nur angenehme Züge gehabt hat (was ehrlich gesagt auf alle Mitglieder unserer Familie zutrifft). Auch wenn dieser Jemand gar nicht zum engeren, sondern eher zum äußeren Kreis unserer Angehörigen zu zählen ist. Ja, wenn wir diesen Jemand persönlich überhaupt nicht kennengelernt haben (was uns nun besonders schmerzt). Das alles spielt keine Rolle, wenn wir angesichts des Todes eines Familienmitglieds feststellen müssen: Wir haben wieder nichts geerbt. Kein Haus mit Garten, keine Gemäldesammlung, keine florierende Firma, keine Matratze voller Geld. Ja, alles, was sich auch nur entfernt als Wertgegenstand bezeichnen lässt, reißen sich deine gierigen Verwandten unter den Nagel. Oder sie haben es schon vorher beiseitegeschafft.

Fast in jeder Familie gibt es solche Erbprofis, denen auf magische Weise von allen Seiten Vermögenswerte zufliegen. Sie übernehmen Autos, alte Möbel, den Familienschmuck und alles, was sich noch bei eBay verkloppen lässt. Eigentlich würde man vermuten: Das müssen die Leute sein, die eine besonders innige Beziehung zum Verstorbenen gepflegt haben. Das müssen die Kümmerer sein, die treuen Begleiter auf den letzten mühseligen Metern Lebensweg. Aber häufig ist das gar nicht so. Die Leute, die ihre Angehörigen aufopferungsvoll pflegen, gehen fast immer leer aus. Das liegt oftmals daran, dass diese Pflegefälle gar nicht mehr so viel zu vererben haben. Und wenn doch, dann schaffen es die Erbprofis, die finanziellen Angelegenheiten an sich zu reißen. Dabei tun sie noch so, als würden sie den anderen geradezu zu Hilfe eilen. Sie erzählen dir: Übernimm du mal das Zwischenmenschliche, wir regeln den Rest. Wir kümmern uns um Konten, Aktien und anderen lästigen Papierkram. Wir lösen schon mal den Haushalt auf. Wenn du irgendwelche Erinnerungsstücke haben möchtest, dann sag uns einfach Bescheid. Alles, was den Gegenwert von einem Euro nicht übersteigt, kannst du einfach so mitnehmen. Ja, greif richtig zu. Den alten Fernsehsessel solltest du dir nicht entgehen lassen. Oder den Wasserkocher aus der Küche. Der funktioniert einwandfrei. Das Kaffeeservice mit dem Blumenmuster und der gesprungenen Kanne, an der der Henkel fehlt – du wirst immer an deine liebe Großtante denken, solltest du jemals auf die Idee kommen, ihr altes, angestoßenes Geschirr zu benutzen. Was ebenfalls gerne übergeben wird, sind sperrige Wandschränke, riesige Regale, die du noch abmontieren musst, und – ist die Wohnung eines älteren Herrn zu räumen – gewaltige Pfeifensammlungen. Die meisten Mundstücke weisen deutliche Bissspuren auf. Aber wenn du ein Pfeifenmuseum eröffnen willst, hast du schon mal einen beachtlichen Grundstock. Das Auto in der Garage übernehmen die Erbprofis, aber die Winterreifen, die rostige Heckenschere und den kaputten Rasenmäher kannst du gerne haben.

Die Erbprofis versuchen, dir so viel altes Gerümpel anzudrehen wie möglich. Dann können sie nämlich so tun, als hättest du jede Menge abgestaubt. So wie sie auch. Du hast das Gerümpel bekommen – oder wie sie sagen »die schönen Erinnerungsstücke« – und sie die Wertsachen. Damit seid ihr quitt. Aber es gibt noch einen zweiten Grund, warum sie dir das ganze Zeug geradezu aufdrängen: Sie wollen die Kosten für die Entrümpelung sparen.

# Einkaufen

Du weißt es: Wenn du einkaufst, wirst du verarscht. Immer und immer wieder. Dagegen kannst du gar nichts machen. Denn einkaufen musst du, wenn du nicht verhungern willst. Wenn du nicht einkaufst, ständig einkaufst, dann musst du ohne Auto auskommen, ohne Schlafsofa, ohne Bodylotion, ohne Milchaufschäumer, ohne Smartphone, ohne Gartenmöbel, ohne Fitnessstudiovertrag, ohne E-Zigarette, ohne Melonenschneider, ohne Grillschürzen mit Bierhalter und noch so viele Dinge mehr, die dein Leben bereichern. Außerdem würde die Wirtschaft zusammenbrechen, wenn die Leute nicht dauernd einkaufen wie die Blöden – auch und gerade Dinge, die niemand braucht. Alle würden wir unseren Job verlieren. Und was dann? Das wollen wir uns besser nicht ausmalen.

So gesehen ist Einkaufen eigentlich eine gute Sache. Doch es gibt wie immer einen gewaltigen Haken. Und das sind die Verkäufer und ihre ausgebufften Tricks. Verkäufer sind nun mal die unbestrittenen Champions in der höchsten Verarschungsliga. Starverkäufer sind begehrt und verdienen ein Schweinegeld. Im Verkaufsgespräch umdribbeln sie dich mit ihren unwiderstehlichen Verkaufsargumenten, grätschen jeden Einwand weg und drehen dir am Ende jeden Scheiß an. Den besten von ihnen sagt man nach, sie könnten den Eskimos Kühlschränke verkaufen. Daran siehst du schon, wozu Verkäufer gut sind. Sie sollen dafür sorgen, dass jeder das bekommt, was er eigentlich gar nicht brauchen kann. Denn ehrlich gesagt: Die ganzen nützlichen und unverzichtbaren Dinge, die würdest du auch so kaufen, ohne dass dich ein Verkäufer schwindlig quatscht.

Es gibt allerdings Verkäufer, die sind ganz anders. Die wollen dir nichts aufdrängen, die hören zu, stellen Fragen und suchen mit dir die beste Lösung. Die beste Lösung für den Verkäufer, versteht sich. Denn letztlich haben sie das gleiche Ziel wie ihre aufdringlichen Brüder und Schwestern. Du sollst etwas kaufen. Etwas, von dem du nie gedacht hättest, dass du es haben willst. Dein Verkäufer ist einfach nur clever genug, dir das nicht auf die Nase zu binden. Er hört dir zu, stellt Fragen und gibt dir stets das Gefühl, du wärst diejenige, die sagt, wo es langgeht. Dabei befindest du dich eigentlich in einem Labyrinth. Egal, ob du links oder rechts oder geradeaus läufst, an jedem Ausgang hat dein Verkäufer eine Falle für dich aufgestellt. Am Ende kaufst du dir doch wieder irgendein Zeug, das hässlich ist, zu nichts zu gebrauchen – und viel zu teuer.

## Warum heruntergesetzte Preise immer verdächtig sind

Es ist der billigste Verkaufstrick von allen: Wenn jemand irgendwas nicht loswird, dann senkt er die Preise. Aber nicht wirklich. Sondern er tut nur so. Will er ein Sofa für 1 000 Euro verkaufen, dann behauptet er einfach, es sei 3 000 wert. Wie das geht? Am einfachsten so: Er pinselt auf sein Preisschild die Zahl »3 000«, streicht sie durch und gibt stattdessen den »heruntergesetzten« Preis bekannt: 1 000 Euro. Manche malen noch gesenkte Pfeile daneben oder schreiben »Aktion« oder »Herbstspecial« darüber, damit auch der Dümmste merkt: Hier gibt es etwas billiger als sonst. Dass dieses Sofa niemals für 3 000 Euro angeboten oder gar verkauft worden ist, braucht ja keiner zu wissen.

Klar, wir alle kennen den Trick und fallen trotzdem immer wieder auf ihn rein. Ganz oft merken wir das nicht mal. Stolz führen wir unser Sofa vor. Denn wir denken: Das ist ein hochwertiges 3 000-Euro-Sofa. Wir haben aber nur 1 000 dafür bezahlt, wir cleveren Smartshopper. Und unsere Gäste, die sich auf den Polstern niederlassen, staunen nicht schlecht: Superqualität. Und das zu *dem* Preis. Denn sie kennen sich genauso wenig im Sofa-Business aus wie wir, sondern halten sich an die Zahlen, die man ihnen hinwirft. Wir haben es ja genauso gemacht. Und genau hier legt man uns aufs Kreuz.

Die Psychologen nennen das den »Anker-Effekt«. Um etwas als teuer oder billig einzuschätzen, brauchen wir einen Anhaltspunkt, einen Vergleichsmaßstab, einen »Anker«, an dem wir unser Urteil festmachen. Bei Dingen, die du öfter kaufst, kennst du dich einigermaßen aus. Du weißt, was ein Pfund Butter kostet, eine Stange Zigaretten oder ein Liter Benzin. Ändert sich der Preis, dann verschiebt sich auch dein Anker. Eine Preiserhöhung erscheint dir erst mal als bodenlose Frechheit, doch nach einiger Zeit hast du dich damit abgefunden, dass Zigaretten so viel kosten wie eine kleine Tabakplantage. Noch schneller gewöhnst du dich an gesunkene Preise. Das erste Mal freust du dich noch. Doch schon beim zweiten Einkauf ist das für dich völlig normal.

Sobald du es aber mit Dingen zu tun bekommst, die du nicht regelmäßig kaufst, hast du erst mal keinen Anker. Daher bekommst du ihn oft genug von den Leuten, die dir die Sache verkaufen möchten. Die setzen Preisangaben in die Welt, die nur ein Ziel haben: Dich an der Nase herumzuführen, damit du für irgendein Zeug dein Geld ausgibst.

Es ist doch so: Wenn wir einkaufen, dann wollen wir möglichst günstig davonkommen. Je weniger wir bezahlen müssen, desto besser. Dann haben wir nämlich mehr Geld für andere Dinge. Das ist aber nur die eine Seite. Auf der anderen Seite wollen wir Qualität haben. Zumindest wenn Gäste kommen, vor denen wir angeben können. Doch hin und wieder brauchen wir das auch für uns selbst, um uns einzureden: Wir sind anspruchsvoll, wir geben uns nicht mit dem Billigkram zufrieden, wir gehören selbst in die obere Liga – also auch die Dinge, die wir einkaufen. Wir achten auf Qualität, heißt es dann.

Gemeint ist damit: Wir achten vor allem auf den Preis. Der darf nicht allzu niedrig sein. Denn auch wenn wir sonst völlig ahnungslos sind, woran man Qualität erkennt, eines ahnen wir immerhin: Qualität kostet mehr. Das liegt einmal daran, dass es teurer ist, diese Dinge herzustellen. Zum anderen aber sind die Leute, die sich auskennen, auch bereit, mehr dafür zu zahlen. Sie lassen sich die Sache etwas kosten, weil sie wissen: Die ist besser als das Zeug, das dir sonst so angedreht wird. Wenn du im Supermarkt vor dem Weinregal stehst, musst du kein Kenner sein, um zu wissen: Die 1,99-Euro-Pulle aus dem untersten Regal wird kein Jahrhunderttropfen sein. Wenn du Gäste hast, greife lieber zu den Flaschen auf Augenhöhe aus dem gehobenen Preissegment. Von den richtig teuren aus der obersten Etage lässt du besser die Finger. Sogar wenn du deinen Chef zum Abendessen erwartest. Diese erlesenen Flaschen stehen da nämlich nur zur Dekoration. Oder genauer gesagt: zur Beruhigung der Kunden. Falls du es noch nicht gewusst hast: Die superteuren Weine aus dem Supermarkt kauft niemand. Nicht mal die Weinkenner. Ja, die nun schon überhaupt nicht. Wenn die einen besonderen Wein kaufen wollen, dann gehen die in einen dieser speziellen Weinläden, halten ein Schwätzchen mit dem Inhaber oder bestellen sich ihre noblen Flaschen im Internet. Die teuren Weine im Supermarkt stehen da nur rum, damit du ruhigen Gewissens in das mittlere Regal greifst. Gäbe es das obere Regal nicht, wäre dein Wein vielleicht der teuerste im ganzen Supermarkt. Kein gutes Gefühl. Schon gar nicht, wenn du dich mit Weinen nicht so auskennst. Dann greifst du lieber zum gehobenen Billigwein. Der liegt jetzt nämlich preislich in der Mittelklasse. Weil aber dein Supermarkt lieber Weine verkauft, die ein bisschen mehr kosten, füllt er das Luxusregal stets mit einigen sauteuren Deko-Weinen, die da ewig herumstehen können. Will man die irgendwann loswerden, dann ist wieder eine Preissenkung fällig: Statt 40 Euro zahlst du jetzt nur noch 20. Und dann kommst du vielleicht schon wieder ins Grübeln.

Noch stärker als eine Preissenkung wirkt übrigens der Rabatt. Auf den ersten Blick scheinen beide ja zum Verwechseln ähnlich. Doch ein Rabatt ist noch mal ein ganz anderes Kaliber. Bei einer Preissenkung stellst du dir ja gleich die Frage: Warum machen die das? Werden die das Zeug nicht los? Ist das ein Ladenhüter? Steht bereits das Nachfolgemodell in den Startlöchern? Und ist das Ding in ein paar Wochen schon veraltet? Alles nicht schön.

Beim Rabatt ist das anders. Hier gibt es immer einen guten Grund, um nicht zu sagen Vorwand, dir nicht den vollen Preis zu berechnen. Und zwar netterweise, weil du es bist – und kein anderer. Du bist Neukunde, also bekommst du den Neukundenrabatt. Du bist Altkunde, also bekommst du den Treuerabatt. Du zahlst bar – der Barzahlerrabatt wird fällig. Oder mit Karte – da gibt es unseren »Pay direct«-Rabatt. Studenten bekommen den Studentenrabatt, Rentner den Seniorenrabatt. Und für alle übrigen findet sich bestimmt auch irgendein Rabatt. Berufstätigenrabatt, Bayernrabatt, Blondenrabatt, Blutspenderrabatt. Der schönste Rabatt ist natürlich der, der nur für eine kleine, erlesene Gruppe gilt. Und alle anderen müssen den vollen Betrag latzen. Mitarbeiterrabatt, Familienrabatt, Geburtstagsrabatt, Künstlerrabatt, VIP-Rabatt, Vielfliegerrabatt, Wenigfliegerrabatt, Überhauptnichtfliegerrabatt, Hundehalterrabatt, Musikerrabatt, Bergsteigerrabatt und vieles mehr.

Natürlich will dann niemand mehr den vollen Preis zahlen. Das macht aber nichts, wenn der »Originalpreis« entsprechend hoch angesetzt wird. Und dann bekommen alle Kunden ihren ganz speziellen Rabatt ausgerechnet, der sie glücklich macht. Denn selbstverständlich sind alle Kunden willkommen. Sie sollen eben nur denken, dass gerade sie besonders willkommen sind. Was die anderen bezahlen, das bekommen sie ja gar nicht mit.

Was wirklich hinter so einem Rabatt steckt, habe ich vor ein paar Jahren erlebt, als wir uns eine neue Küche gekauft haben. Eine »Markenküche«, was sich ja schon mal ziemlich gut anhört. Als wir in unsere Wohnung gezogen sind, da war schon eine »Markenküche« drin. Und wenn du einmal eine »Markenküche« gehabt hast, dann willst du in deinem späteren Leben nie wieder auf so eine verzichten. Meine Frau war also richtig erleichtert, als sie in einem großen Möbelhaus eine »Markenküche« entdeckte, die zwar anständig was kosten sollte, an der aber ein ganzer Rattenschwanz von Rabatten dranhing, sodass wir uns sagten: »Jawohl, diese Küche soll es sein. Die ist ja genau auf uns zugeschnitten mit dem Rechtshänder-, Kurzsichtigen-, Autofahrerrabatt für Familien mit kleinen Kindern, Kaninchen und Balkon nach Südwesten. So günstig kommen wir nie wieder an eine Markenküche.«

Das war jetzt ein bisschen übertrieben, aber nicht viel. Als wir die Küche mit der zuständigen Verkäuferin noch mal »durchsprachen«, bis in jede einzelne Schublade hinein, war auch eine Anzahlung zu leisten. Ich erinnere mich sehr genau, wie wir mit dem Bestellbogen an der Kasse anstanden – und immer neue Rabatte auf uns einprasselten. Zusatzrabatte, die noch obendrauf kamen, aber nur heute. Außerdem Rabatte für Leute, die über einer bestimmten Summe einkauften, und so weiter und so weiter. Als wir die Kasse erreichten, war ich mir ziemlich sicher, dass wir noch Geld rausbekommen würden für unsere kluge Entscheidung, diese Küche, eine »Markenküche«, zu kaufen.

Leider war diese Küche ein Fehlkauf. Oder wie ein eilig einbestellter Sachverständiger befand: der letzte Scheiß. Wir haben sie zurückgegeben, was uns das Möbelhaus schon sehr übel genommen hat. Die Küche kam dorthin, wo sie von vornherein hingehört hätte: auf den Sperrmüll. Und wir haben uns woanders eine Küche gekauft, die zwar furchtbar viel Geld gekostet hat. Dafür war eines von Anfang an klar: Es gab nicht einen Euro Rabatt.

## Warum teure Produkte auch nichts taugen

»Billig will ich!« hieß der Slogan einer Supermarktkette. Doch so ganz stimmt das ja nicht. Wie so manches, was aus dem Supermarkt kommt. Es ist nämlich so: Die Leute wollen durchaus teure Produkte. Aber sie wollen möglichst wenig dafür bezahlen. Denn sie sind clevere Sparfüchse, die man mit heruntergesetzten Preisen, Sonderangeboten und Rabatten ködern muss, wenn man sie in die Pfanne hauen will.

Wenn du aber wirklich billig willst, dann darfst du dich nicht beschweren, wenn du es billig bekommst. Analogkäse auf der Pizza, Sägespäne im Erdbeerjoghurt, Schweineschnitzel, die mit Wasser ein wenig gestreckt werden. In deiner Billigjeans stecken rätselhafte Chemikalien, und deine Billigmöbel brechen zusammen, wenn du sie nur lange genug ansiehst. Da darf man sich ja nicht wundern, sagen die Experten. Qualität kostet nun mal. Hochwertige Rohstoffe, edles Design, erstrangige Spezialisten. So was gibt es nicht zum Niedrigpreis. Und was soll man sagen? Da haben sie einfach recht.

Aber auch Produkte, die besonders begehrt sind, haben ihren Preis. Du kannst es dir an zwei Fingern abzählen: Bleibt jemand auf seinem Zeug sitzen, muss er seine Preise senken.

Reißen sich die Leute darum, kann er Unsummen dafür verlangen. Er findet immer noch genügend Abnehmer.

Das führt jedoch dazu, dass manche noch ihren dritten Finger zu Hilfe nehmen und sich ausrechnen: Wenn ich einen hohen Preis verlange, dann glauben die Leute a), dass mein Produkt eine Superqualität hat. Und b), dass sich die Kunden darum prügeln. Und wenn die Leute das glauben, dann wird dadurch mein Produkt zwar nicht besser. Aber vielleicht fangen sie tatsächlich irgendwann an, sich darum zu prügeln. Sie holen sich blutige Nasen, während ich mir eine goldene Nase verdiene.

Sagen wir es offen: Billigware ist Schrott, aber was teuer ist, muss noch lange nicht gut sein. Manchmal ist es sogar richtig schlecht. Wenn du dir die Testergebnisse der Stiftung Warentest anschaust, so gibt es immer wieder unerwartete Ausreißer nach unten: Auf dem letzten Platz landet irgendeine Edelmarke oder ein Produkt, das viel teurer ist als die Konkurrenz. Wie kommt denn das? Wieso zahlen die Leute viel mehr für etwas, das gar nicht besser ist als der biedere Standard, sondern eher schlechter?

Häufig ist es so, dass wir das gar nicht groß bemerken. Vielleicht auch gar nicht bemerken wollen. Zumindest ist das so bei den Dingen, mit denen wir uns nicht so gut auskennen. Bei mir ist das zum Beispiel ... na ja, fast alles, wenn ich ehrlich bin. Von der Zahncreme bis zur Steuererklärung. Vom Blumendünger bis zur Russlandreise. Von der Biowurst bis zur Berufsausbildung. Ich weiß über die meisten Dinge wirklich nicht gut Bescheid, für die ich einen Haufen Geld bezahle.

Und das wird brutal ausgenutzt von den Leuten. Die größten Stümper geben sich als allwissende Experten aus. Und weißt du, warum sie damit durchkommen? Natürlich weißt du es: Weil sie ein Honorar verlangen, das uns den Atem verschlägt. Wenn du dir so jemanden leistest, dann muss der einfach überragend sein. Du willst das so und bist bereit, ihm alles zu glauben. Sonst müsstest du ja zugeben, dass du auf einen Schwindler reingefallen bist. Und wer will das schon? Lieber halten wir uns in dem Glauben, dass alles mit rechten Dingen zugeht und wir uns auf die richtigen Leute verlassen. Zumal sehr viele von denen, die so viel Geld einstreichen, nicht mal richtige Schwindler sind, sondern einfach Leute, die auch nur mit Wasser kochen, aber kackfrech auftreten und sich das teuer bezahlen lassen.

Und so ist es eben auch mit manchen kostspieligen Dingen. Die leisten wir uns, weil von ihrem Glanz auch ein wenig auf uns übergeht. Mit den Billigheimern geht das nicht. Ja, nicht einmal die Schnäppchen und Qualitätsprodukte, an die du verbilligt herankommst, können da mithalten. Es muss teuer sein, im Geldbeutel richtig wehtun, damit du dich selbst durch deinen Einkauf aufgewertet fühlst. »Premiumprodukte« nennen die Marketingleute solche Waren, für die du etwas tiefer in die Tasche greifen musst. Dafür darfst du dir dann einreden, etwas ganz Besonderes zu bekommen – so, wie du selbst ja auch etwas ganz Besonderes bist. Vor allem, wenn du dieses Zeug kaufst, das die anderen links liegen lassen, weil es ihnen einfach zu teuer ist.

Aus der Psychologie wissen wir, dass dieser plumpe Trick bestens funktioniert. Patienten sind zufriedener, wenn der Arzt ihnen ein teures Medikament verschreibt. Und wenn man den Leuten sagt, wie viel die Arznei gekostet hat, die sie gerade einnehmen, dann wirkt das teurere Mittel viel besser – auch wenn es sich um ein und denselben Wirkstoff handelt. Lassen wir uns von zwei Experten beraten, dann glauben wir eher dem, der uns mehr Geld abknöpft. Und später sagen wir auch noch, dass wir mit seiner Beratung zufriedener waren.

Es ist also kein Wunder, dass nicht nur in den unteren Preisklassen geschummelt wird, was das Zeug hält. Sondern auch da, wo etwas mehr Geld zu holen ist. Dummerweise machen wir da bereitwillig mit. Wir lassen uns gerne einreden, dass wir uns »belohnen«, wenn wir teuer einkaufen. Dass wir »anspruchsvoll« sind. Dass wir in uns selbst »investieren«, weil wir »es uns wert sind«. Und wir gehen ihnen auf den Leim und halten uns ab sofort für etwas Besonderes. Dabei ist die einzige Besonderheit, die hier im Spiel ist: Was du gekauft hast, ist besonders teuer.

## Warum du Mitglied im »Senator-Club« werden sollst

Also, es gibt schon schöne Dinge, die viel Geld kosten. So ist es ja nicht. Ab und zu leisten wir uns mal den Luxus und gönnen uns so ein feines Spitzenprodukt. Den Spaß lassen wir uns nicht so leicht verderben. Nicht von mäkeligen Freunden, die uns einreden wollen, dass sie mit ihrer Sparversion auch auf ihre Kosten kommen. Und auch nicht von spitzfindigen Testergebnissen, die uns wissen lassen: Unsere mäkeligen Freunde haben auch noch recht. Haben sie eben nicht. Wer sich bei seinen Einkäufen nur von Testergebnissen leiten lässt, der kann auch mal danebengreifen. Vor allem aber verzichtet er auf das Vergnügen, selber mal etwas Feines zu entdecken und auszuprobieren. Und wenn es gut war, dann kannst du es weitererzählen und damit vielleicht auch ein wenig angeben. Wenn du nur den Empfehlungen der Testredaktion folgst, fallen deine Berichte ein wenig trostlos aus.

Es ist nun aber so, dass wir uns die schönen Dinge nicht jeden Tag leisten. Vielleicht willst du dich belohnen, vielleicht willst du etwas Farbe und Abwechslung in deinen grauen Alltag bringen oder einfach mal in die Luxusklasse reinschnuppern. Danach kehrst du wieder in deinen gewohnten

Standardmodus zurück. So denkst du dir das, und so ist es bestimmt auch nicht unvernünftig, wenn du mich fragst.

Doch nun geschieht etwas Merkwürdiges. Vorher haben dir die Verkäufer in den Ohren gelegen: Gönn dir doch mal was Schönes. Probier es einfach aus. Belohn dich doch mal. Du hast es verdient. Diese Sprüche. Kaum aber hast du einmal ins Regal mit den Premiumprodukten gegriffen, wollen die dich gar nicht mehr gehen lassen. Du bist jetzt einer von den Premiumkunden, du ragst aus der Masse hervor und hast es verdient, bevorzugt behandelt zu werden. Ist doch nicht schlecht, denkst du vielleicht. Und wirst gleich mal unverbindlich Mitglied im »Senator-Club«. Da bekommst du eine goldene Mitgliedskarte, spezielle Angebote, die diese Normalkunden da draußen niemals bekommen, und natürlich Gutscheine und Rabatte – zu Weihnachten, zu Ostern, zum Geburtstag oder wenn es irgendwas zu feiern gibt wie Frühjahr, Sommer, Herbst und Winter. Sonnenaufgang und Sonnenuntergang. Vielleicht gibt es eine eigene Internetseite, auf Facebook oder sonst wo, da kannst du deine Erlebnisse posten und dich mit anderen Clubmitgliedern austauschen. Ihr habt bestimmt ähnliche Interessen, ihr Senatoren. Vielleicht lädt dich jemand zum Golfturnier nach Dubai ein. Oder jemand sucht einen Nachfolger, der seine blühende Firma übernimmt. Solche Sachen.

Ich weiß nicht, wie es dir geht, aber ich finde solche Clubs ziemlich abstoßend. Es genügt doch vollkommen, wenn die uns einfach ihr überteuertes Zeug verkaufen – und gut ist. Aber nein, sie müssen dir noch weismachen, du würdest jetzt zu den feinen Leuten gehören. Halten die uns eigentlich für doof? Glauben die, wir merken nicht, dass die uns nur deshalb zum Ehrenmitglied vom »Senator-Club« ernennen, damit wir mit unseren Einkäufen das Niveau halten? Du sollst bloß nicht auf die Idee kommen, das nächste Mal zu den Schmuddelkindern der »Billig will ich!«-Fraktion überzulaufen. Du bist jetzt Premiumkunde und Clubmitglied. Da musst du dich auch so benehmen. Was werden sonst deine Senatorenfreunde sagen, wenn sie dich an der Grabbelkiste antreffen?

Natürlich treiben sich im »Senator-Club« (oder wie immer der heißt) keine reichen Leute rum, um exklusive Angebote abzugreifen. Sondern solche armen Schlucker wie du und ich, die sich vielleicht mal etwas Feines zum Anziehen gekauft haben. Und die jetzt mit allen Kniffen des Marketings beackert werden, teurer einzukaufen als zuvor.

## Warum uns Schnäppchenjäger an der Nase herumführen

Man kann wirklich nicht behaupten, dass Schnäppchenjäger besonders beliebt wären. Eigentlich hassen wir sie doch alle, diese superschlauen Sparfüchse, die es irgendwie schaffen, immer nur die Hälfte von dem zu zahlen, was wir auf den Tisch legen müssen. Mit ihrem Niedrigpreiswahn zwingen sie alle in die Knie, die auf Qualität setzen und damit Geld verdienen wollen. Sie treiben Filialleiter in den Wahnsinn, weil sie mit ihrem Smartphone im Laden stehen und verkünden, dass es genau diesen Fernseher, diese Vollholzkommode oder diesen Laubbläser im Online-Shop 115 Euro billiger gibt. Und sie erwecken den Eindruck, dass du ein gutmütiger Trottel bist, wenn du die ganz normalen Preise zahlst. Wie wir alle.

Besonders schlimm ist es, wenn du dir mal etwas wirklich Schönes und Gutes gönnst – das ja immer ein bisschen mehr kosten darf –, und dann sitzt du neben so einem Schnäppchenjäger, der dir erzählt, dass er für das ganze Programm knapp die Hälfte gezahlt hat. Weil er sich da nämlich einen Gutschein aus dem Internet ... du willst jetzt am liebsten nach Hause gehen und dir die Bettdecke tief über den Kopf ziehen. Müssen in diesem Leben eigentlich immer die größten Unsympathen die dickste Schnitte absahnen? Oh ja, das müssen sie.

Ein Bekannter von mir hat einen gut bezahlten Job. Er verdient deutlich mehr als ich. Na gut, das tun auch Leute mit einem schlecht bezahlten Job. Doch der Punkt ist: Dieser finanziell weich gepolsterte Mensch schraubt seinen Lebensstandard in sagenhafte Höhen, weil er – Zeitschriften abonniert. Ich glaube, alle Zeitschriften, die es gibt, bekommt er zugeschickt. Nicht nur deutsche, sondern alle, die er kriegen kann. Lesen will er die nicht. Ihm geht es nur um die sagenhaften Aboprämien. Ich glaube, die Zeitschriftenverlage sind mittlerweile vollkommen durchgeknallt. Denn sie schicken meinem Bekannten alle möglichen Belohnungen zu: Weingläser, Uhren, Füllfederhalter, Digitalradios und noch viel mehr. Nur weil er irgendwelche Magazine zum Sonderpreis scheinabonniert. Die interessieren ihn einen Dreck. Er hat, glaube ich, noch nie in eine von denen reingeguckt. Er bestellt sie auch immer sofort ab, sobald die ihm seine Prämie nicht mehr wegnehmen können. Dieses Ziel ist schneller erreicht, als man so denkt. Ja, einige dieser Zeitschriften hat er sogar mehrfach abonniert. Irgendwelche Wirtschaftsblätter für Menschen, die sich nicht mit Billigprämien abspeisen lassen. Er darf dann noch an irgendwelchen Umfragen unter »Deutschlands Topentscheidern« teilnehmen: »Wohin steuert Europa?«, »Braucht Deutschland mehr Zuwanderung?«, »Hat der Kapitalismus eine Zukunft?« Vielleicht werden die Ergebnisse dieser Umfragen sofort im Papierkorb versenkt. Vielleicht aber auch nicht. Schon klar, die Leute, die an diesen Umfragen teilnehmen, sollen sich ja vor allem gebauchpinselt fühlen und die Zeitschrift abonnieren, die diese Studien durchführt. Aber irgendwann wollen sie natürlich auch die Ergebnisse lesen und nachschauen, ob die anderen Neu-abonnenten auch so lustige Antworten gegeben haben wie sie. Ich meine, in diesen Blättern sind schon wesentlich un-seriösere Umfragen abgedruckt worden.

Vielleicht denkst du dir: Von diesen Schnäppchenjägern, da könnte man sich schon eine Scheibe abschneiden. Sie ge-hen allen auf die Nerven. Aber sonst kommst du ja heutzu-tage auch zu nichts. Als Schnäppchenjäger hingegen kommst du irgendwie an alles. Irgendwo gibt es immer ein Outlet, das Designerklamotten 80 Prozent unter dem Neuwert ver-schleudert. Irgendwo gibt es immer Punkte zu sammeln und in Saftpressen, Kristallgläser und Messersets umzutauschen. Irgendwo gibt es immer einen verzweifelten Einzelhändler, der aufgibt und seine Geschäftsräume noch einmal aufsperrt, damit die Schnäppchenjäger alles wegkaufen.

Wenn du ihre cleveren Einkäufe mal umrechnest in die »Originalpreise« – und Schnäppchenjäger machen das stän-dig –, dann sind diese Leute steinreich. Der Boss-Anzug für 50 Euro kostet eigentlich 500, für das Kaffeegeschirr haben sie 40 bezahlt, dabei steht im Katalog 400. Und hier: Die Lam-pen! Die Töpfe! Die Stühle! Die Teppiche! Die Sofakissen! Und schau dir mal die Bettbezüge aus Seide an! Eins-a-Qualität. Da zahlst du mal locker 400. Und weißt du, was er bezahlt hat? 28 Euro 90!

Lauter Beutestücke, die ein Schnäppchenjäger gerne sei-nen Gästen vorführt und die bewundert werden müssen. Der Besuch bei einem Schnäppchenjäger besteht hauptsächlich aus solchen Vorführungen mit anschließendem Anstaunen. Dabei wirst du gerne durch die ganze Wohnung geleitet, Wohnzimmer, Esszimmer, Küche, Schlafzimmer, ja selbst das Klo bietet manche Überraschung. Da gibt es einen Toiletten-papierrollenhalter mit Feuchttücherbox aus poliertem Edel-stahl von diesem Mailänder Stardesigner, da bist du aber baff.

Und jetzt halte dich bitte fest, denn jetzt kommt der Preis: 19 Euro! Du taumelst. Kann das denn wahr sein? Und du erkundigst sich, wo dein Gastgeber diesen Schatz aufgespürt hat. Denn selbstverständlich würdest du auch am liebsten so einen schicken Toilettenpapierrollenhalter haben, zumal mit Feuchttücherbox. Die kann man ja immer brauchen.

Du kannst sicher sein: Du wirst wieder eingeladen. Spätestens wenn es wieder einige Spartrophäen vorzuführen gibt. Und das ist eigentlich ständig der Fall. Dann gibt es neue Lampen, neue Stühle, neue Lautsprecher, neue Sessel aus weißem Leder. Und den Toilettenpapierrollenhalter mit der Feuchttücherbox, den hat er auch erneuert. Es gab da ein japanisches Modell, das noch besser aussieht und noch weniger gekostet hat. Willst du mal sehen?

Du willst vielleicht nicht. Aber du musst. Und im Stillen stellst du dir die Frage: Was geschieht eigentlich mit dem ganzen Zeug, das er nicht mehr braucht, das er ausgemustert hat? Verkloppt er das mit riesigem Gewinn über eBay oder gebraucht.de? Wahrscheinlich nicht. Denn es hat schon seinen Grund, dass die Händler, Läden und Versandhäuser diese Dinge loswerden wollen. Was macht er dann damit? Ein Bekannter von mir hat eine besondere Lösung gefunden: Er schafft alles in seine riesige Garage. Ich bin sicher, er könnte keinen geeigneteren Platz dafür finden.

## Warum alle Geräte kaputtgehen, sobald die Garantie abgelaufen ist

Woran erkennst du bei deiner Spülmaschine, dass die Garantie abgelaufen ist? Genau, daran, dass sie ihren Geist aufgibt. Und was für die Spülmaschine gilt, das trifft auch auf den Staubsauger zu, den Fernseher, den Toaster, die Heizung, den Backofen, den Eierkocher, den Rasenmäher und alle anderen Geräte, die unseren Haushalt bevölkern. Die Hersteller behaupten: Das stimmt nicht. Die meisten Geräte würden extrem lange durchhalten. Würden sie da nicht ein paar empfindliche Verschleißteile einbauen, dann müssten sich noch unsere Urenkel mit unseren Wäschetrocknern und Waffeleisen herumschlagen. Außerdem, so sagen die Hersteller, gehen die meisten Geräte kaputt, weil die Leute zu blöd sind, sie richtig zu benutzen.

Das klingt viel zu überzeugend, um es als lächerliche Ausrede abzutun. Warum aber machen die Geräte dann nicht gleich die Grätsche, sondern warten brav ab, bis die Garantiezeit abgelaufen ist? Immerhin kann sich das ja mehrere Jahre lang hinziehen. Aber auch dafür gibt es einleuchtende Erklärung: Die Hersteller haben ihre Geräte so stabil gebaut, dass sie jahrelange Fehlbedienung unbeschadet überstehen. Vielleicht leuchtet mal ein Warnlämpchen auf, oder der Apparat schaltet sich selbstständig ab. Manchmal geht er auch gar nicht erst an. Wenn du dann den Kundendienst kommen lässt (es ist ja noch Garantiezeit!), ist wieder alles in Ordnung, und du musst die »Anfahrt« zahlen. Doch im Nachhinein waren das alles Vorboten des großen Schadens, der dein Gerät irgendwann dauerhaft lahmlegen würde. Nämlich nach Ablauf der Garantie. So ist das nämlich.

Hartnäckig halten sich jedoch die Gerüchte, die Hersteller würden ihre Geräte extra so bauen, dass sie nicht so lange halten, wie sie könnten. Dafür gibt es sogar einen Fachbegriff, was schon mal ein sicheres Zeichen dafür ist, dass da wohl doch etwas dran ist: »Geplante Obsoleszenz« heißt das. Wobei die Verarschung natürlich in dem Wort »geplant« steckt, während »Obsoleszenz« nur bedeutet, dass dein Gerät irgendwann nicht mehr zu gebrauchen ist.

Nun muss man sagen, dass sich die Hersteller selber schaden würden, wenn ihre Produkte allzu schnell hinüber wären.

Auf der anderen Seite wäre es schon schön, wenn die Leute nicht allzu lange warten, ehe sie sich ein neues Gerät kaufen. Und zwar nach Möglichkeit vom selben Hersteller. Das machen sie jedoch nur, wenn sie im Großen und Ganzen zufrieden waren. Fliegt dir das Ding gleich nach Ablauf der Garantie um die Ohren, sagst du dir doch: »Diesen Schrott kaufe ich nie wieder.« Wenn das Gerät trotzdem kaputtgeht, unmittelbar nachdem die Garantie abgelaufen ist, dann kannst du sicher sein: Das war mal keine Absicht.

Daraus darfst du aber nicht voreilig den Schluss ziehen, dass die Hersteller dich nicht reinlegen würden. Das machen sie aber auf andere Art. Zum Beispiel bei der Reparatur. Den Wunsch nach einer Reparatur versuchen dir viele Hersteller möglichst auszutreiben. Kauf dir doch lieber gleich ein neues Gerät. Dann ist alles tipptopp auf dem neuesten Stand. Willst du es trotzdem reparieren lassen, musst du es einschicken. Manche Hersteller verlangen für *jede* Reparatur einen festen Preis, zum Beispiel 150 Euro. Egal, wie winzig der Schaden ist. Aber du sollst ja sowieso gar nicht wissen, was da kaputtgegangen ist. Die Geräte werden so gebaut, dass du sie nicht öffnen kannst, ohne sie zu zerstören. Empfindliche Teile werden gerne hinter Plastik versteckt. Damit du auch ja nicht an sie herankommst.

Das bekannteste Beispiel für diese Verlade ist das famose iPhone. Ein Supergerät mit einer einzigen Schwachstelle: dem Akku. Lädst du dein iPhone ungefähr 500-mal auf, dann ist der Akku hinüber. Schon vorher lässt er sich nicht mehr so gut aufladen. Bei einem gewöhnlichen Gerät würdest du jetzt sagen: Okay, der Akku muss ausgetauscht werden. Bei einem iPhone geht das nicht. Da kannst du das gesamte Gerät austauschen. Oder wie man auch sagt: Du kaufst dir einfach ein neues – auch wenn außer dem Scheißakku noch alles funktioniert.

Dabei solltest du bloß nicht glauben, dass du fein raus bist, wenn ein Gerät noch während der Garantiezeit kaputtgeht. Ehrlich gesagt, finde ich das sogar weit unangenehmer, als wenn es später passiert. Denn dann ist es eine klare Sache: Gerät kaputt, natürlich nach Ablauf der Garantie. Du kannst dir sicher sein, dass alle dich bedauern. Du musst zwar zahlen, aber immerhin hat das Teil zwei Jahre oder noch länger funktioniert. Was aber, wenn es nach, sagen wir, acht Monaten streikt? Dann darfst du zu deinem Händler schlappen oder das Gerät einschicken. Und dann fängt der Ärger an: Hast du den Schaden vielleicht selbst verursacht? Hast du das Gerät »unsachgemäß« behandelt? Dann war es das mit der Garantie. Du darfst zahlen und stehst da als Idiot, der Kleingeräte ins Klo plumpsen lässt oder so was in der Art anstellt.

Dabei muss man sagen: Es gibt sie doch, die Geräte, die ewig halten. Die sogar noch nach 20, 30 Jahren mit den Neugeräten mithalten können, weil in dieser Branche der Fortschritt eher schlurfend unterwegs ist und die Wunderapparate von heute nicht gleich morgen im Mülleimer landen. Für die Hersteller ist das natürlich unangenehm. Ihre Kunden klopfen nicht alle zwei, drei Jahre an ihre Tür, sondern vielleicht überhaupt nicht mehr. Weil sie ihre unkaputtbaren Kühlschränke und Staubsauger mit ins Grab nehmen. Oder ihre Enkel und Ururenkel saugen, backen, waschen und kühlen damit einfach weiter.

Solche grundsoliden Hersteller behelfen sich mit einem kleinen Trick: Sie gestalten das Design so klobig und rückständig, dass ihre Kunden die Geräte aus ihrer Wohnung werfen, weil sie sie einfach nicht mehr sehen können. Sie funktionieren noch einwandfrei und werden deshalb gerne finanzschwächeren Verwandten überlassen, die froh sind, so einen Klassiker in ihre Wohnung wuchten zu können.

Und wenn alles nichts hilft, dann gibt es ja immer noch das unschlagbare Argument: Das Altgerät verbraucht zu viel Strom. Es ist in die Energieeffizienzklasse B abgerutscht, während sich das aktuelle Modell mit einem dreifachen A und etlichen Pluszeichen schmücken darf. Das spart im Jahr locker drei Euro fünfzig. Doch entscheidend ist etwas anderes: Wer sich solche grundsoliden Qualitätsprodukte ins Haus holt, der will keine Geräte aus der »B-Klasse« haben. So was wäre gleichzusetzen mit dem gesellschaftlichen Abstieg. Nur noch B-Geräte?! Was, wenn sich das rumspricht?! Wird man uns noch besuchen, auf der Straße noch grüßen? Oder als Klimakiller aus dem Kreis der Anständigen ausstoßen? Oh, dann lieber gleich mal die aktuellen Spargiganten ordern, aus der AAA+++-Klasse. Da haben wir die nächsten Jahre unsere Ruhe.

## Warum du immer vergisst, dein Abo zu kündigen

Manche Dinge kaufst du nicht, wenn du sie brauchst oder dir der Sinn danach steht. Du erwirbst sie im Abonnement. Was so viel heißt wie: Die ganze Sache wird für dich viel, viel günstiger. Du zahlst nur noch ein Bruchteil von dem, was du zahlen würdest, wenn du deinen Rahmen ausschöpfen würdest. Das klingt erst einmal verlockend. Vor allem bei Dingen, die du ohnehin dauernd tust. Zeitung lesen, telefonieren, Wasser und Strom verbrauchen, ins Fitnessstudio gehen. Nun ja, beim Fitnessstudio ist es eher so, dass du dir vornimmst, da regelmäßig hinzugehen. Denn das hält dich in Form und ist gesund. Und wenn du nun schon mal so viel Geld dafür ausgegeben hast, dann wird dich das bestimmt dazu bringen, das Angebot bis zum Anschlag auszunutzen. In dieser Auffassung wirst du von deinem Fitnessstudio nur bestärkt. Die bieten überhaupt keine Einzelstunden mehr an. Denn wenn du es ernst meinst, dann musst du regelmäßig trainieren. Alles andere bringt nichts. Da ist schon etwas dran. Aber die meisten Leute, die einen Vertrag mit einem Fitnessstudio abschließen, kommen nur in der ersten Woche regelmäßig, lassen dann stark nach, um nach erstaunlich langer Zeit festzustellen: Hey, ich gehe ja überhaupt nicht mehr ins Fitnessstudio. Vielleicht sollte ich mich mal mit der Kündigung beschäftigen.

Doch egal, was du abonniert hast, diese Verträge sind immer so gestaltet, dass du den ersten Kündigungstermin sowieso erst mal verpasst. Du hast längst vergessen, dass du nie ins Fitnessstudio gehst. Dir fällt überhaupt nicht mehr auf, dass du deine Zeitung gar nicht liest. Doch irgendwann stellst du fest: Hoppla, da zahle ich ja ganz anständig für irgendwas, das ich überhaupt nicht nutze. Manchmal kommst du überhaupt erst drauf, wenn die so unvorsichtig sind, dir noch mal Werbung zuzuschicken. Weil sie nämlich annehmen, dass du ganz begeistert von ihnen bist und es gar nicht erwarten kannst, dein Abo aufzustocken: »upzugraden«, wie sie das gerne nennen. Doch du willst gar nicht up-, sondern downgraden. Und zwar so down wie möglich. Dass es gar nichts mehr kostet, du nichts mehr zugeschickt bekommst und du auch nicht mehr ins Fitnessstudio reinkommst, um am »Zumba-Kurs mit Carmen« teilzunehmen.

Erst jetzt beginnst du, dich mit der wichtigsten Frage zu beschäftigen, die man sich stellen sollte, bevor man irgendwas abonniert: Wie komme ich da wieder raus? Im Einzelnen willst du wissen: Wie kann ich kündigen? Wann kann ich kündigen? Wo kann ich kündigen? Drei Fragen, deren Antworten möglichst geheim gehalten werden. Geh mal auf irgendeine Website, egal, ob von deiner Zeitung, deinem Fitnessstudio oder deinem Telefonanbieter. Jede noch so abwegige Frage wird da beantwortet, nur die eine nicht. Die Frage, die sich vermutlich die meisten Besucher dieser Seite gerade stellen: Wie kann ich den Vertrag mit euch kündigen?!

Und es geht noch weiter: Wenn du irgendwas von denen willst – was dazukaufen, Lob ausschütten, Bestellungen verfolgen –, kannst du das auf die leichteste Art und Weise tun. 24 Stunden am Tag. Du kannst eine Mail schreiben, ein Kontaktformular ausfüllen oder die Kundenhotline anrufen. Ganz wie du willst. Nur eines kannst du da nicht tun: kündigen. Und du erfährst da auch nicht, wie man das macht.

Dazu musst du erst googeln. Aber das wenigstens flutscht. Du tippst das Wort »Kündigung«, fügst dann den Namen der Firma hinzu, die dich in ihrem Abo gefangen hält – und bekommst 10 000 Treffer mit Musterkündigungsschreiben. Man kann gegen das Internet sagen, was man will (mehr dazu in einem späteren Kapitel), aber allein deshalb können wir nicht mehr auf das Internet verzichten. Wir bekommen den rettenden Strohhalm gereicht, den wir brauchen, um aus diesen Abos auszubrechen.

Meist musst du schriftlich kündigen. Und wenn du gar nicht mehr weißt, wie lange dein Vertrag noch läuft, weil du alle Unterlagen verlegt, verloren oder vernichtet hast, dann schreibst du einfach: »Ich kündige zum nächstmöglichen Termin.« Außerdem darfst du nicht vergessen hinzuzufügen, dass sie dir deine Kündigung »bestätigen« sollen.

Es gibt aber auch eine tückische Variante. Ein großer Telefonanbieter hat die mir mal aufgebrummt. Und ich bin sicher, viele Firmen machen das genauso. Die lassen dich nur ziehen, wenn du mit einem Kundenberater telefonierst. Allein das dürfte viele davon abhalten, tatsächlich zu kündigen. Solche Kundenberater sind ja nicht ohne Grund gefürchtet. Am Ende hast du nach so einem »Kündigungsgespräch« nicht nur deinen Vertrag auf Lebenszeit verlängert, sondern auch noch

1 000 TV-Kanäle, drei Handyverträge und etliche Digitalgeräte dazugebucht.

Die Firmen, bei denen du schriftlich kündigen musst, schicken dir manchmal als Kündigungsbestätigung einen winselnden Brief zurück. Dass sie deine Kündigung »bedauern«, dass sie sich immer »Mühe gegeben haben«, deine Wünsche zu erfüllen, und solche Sachen. Du sollst ihnen schreiben, womit du nicht zufrieden warst. Vielleicht werfen sie die zuständigen Mitarbeiter raus. Oder sie wollen dir einfach das Gefühl geben: Wir kümmern uns um dich und deine kleinen Sorgen. Vielleicht möchten sie aber auch nur, dass du jetzt noch mal nachdenkst und feststellst: »Och, so 'n richtiger Kündigungsgrund, der fällt mir gar nicht ein.«

Worauf du dich gefasst machen kannst: Viele bieten dir jetzt plötzlich neue Konditionen an. Neue Tarife, neue Laufzeiten, neue Extras. Aha, sagst du dir, da geht ja noch was. Und du fragst dich, warum du nicht schon viel früher gekündigt hast. Denn egal, ob du jetzt deine Kündigung rückgängig machst oder nicht, eines hast du immerhin bemerkt: Es wird kaum jemand so sehr verarscht wie langjährige, zufriedene Kunden.

## Warum manche Verkäufer gar nicht nett sind

Ich weiß nicht, wie es dir geht, aber mir gehen die Verkäufer auf die Nerven, die immer so superfreundlich sind. Die mir ständig nach dem Mund reden. Die keine eigene Meinung haben, sondern sich sofort meinen Ansichten anschließen – auch wenn sie der größte Blödsinn sind. Was gar nicht so selten vorkommt. Vor allem wenn ich einkaufe.

Was soll ich mit so einem Verkäufer, der mich nicht davon abhält, karierte Hosen zu kaufen? Motivsocken? Veganes Hundefutter? Es ist deprimierend. Du spürst, dass diese

Leute nur eines im Sinn haben: dir irgendetwas anzudrehen. Nur darum sind sie so nett und zuvorkommend. Sie wollen Geld verdienen, auch wenn du ihren Laden verlässt und aussiehst wie ein farbenblinder Zirkusdirektor. Ach, wenn sie nur freundlich wären. Das würden wir uns ja gefallen lassen. Kommt ja selten genug vor, im realen Leben außerhalb der Verkaufsräume. Aber nein, sie tragen viel zu dick auf. Sie haben eine so ölige Freundlichkeit, dass du darauf ausrutschst. Du merkst sofort: Da ist gar nichts echt. Da muss sich aber jemand ganz schön verstellen. Da muss dich aber jemand ganz schön hassen. Denn was sollte sich sonst hinter diesem falschen Dauerlächeln verbergen als der sehnliche und irgendwo auch verständliche Wunsch, alle Kunden zu erwürgen?

Es gibt Verkaufstrainer, die ihren Schützlingen einhämmern: Verkauft mit Herz! Betrachtet jeden Kunden als Freund! Liebt eure Kunden! Ich finde, solche Trainer gehören eingesperrt. Ich will von Verkäufern doch nicht geliebt werden. Die sollen mir ihr Zeug verkaufen, ein bisschen übers Wetter plaudern, mich von den schlimmsten Missgriffen abhalten – und fertig. Dann bin ich zufrieden. Und wenn ich einen Fragebogen ausfüllen soll, wie zufrieden ich mit dem Personal war, dann vergebe ich fünf Sterne. Und hoffe, dass die mich nicht zur Strafe in irgendeine »Fan-Liste« aufnehmen, mich mit Bonuspunkten bombardieren und mich auffordern, ihren Laden bei Facebook zu liken.

Aber es gibt ja auch andere Verkäufer. Solche, die gar nicht nett sind. Die dich als Eindringling betrachten und wie den letzten Dreck behandeln. Du wirst nicht überrascht sein, wenn ich dir versichere: Die verarschen dich auch. Denn diese arroganten Arschlochverkäufer werden beschäftigt, um irgendein vermeintlich exklusives Produkt noch begehrenswerter erscheinen zu lassen. Es ist dieselbe Masche wie früher bei den Türstehern vor irgendwelchen Clubs: Lass immer wieder ein paar Traumkunden vor der Tür stehen. Das macht sie nur umso versessener, endlich doch hineinzukommen. Sie überlegen sich Tricks, ziehen feinere Klamotten an, geben vor, mit dem Besitzer befreundet zu sein. Und wenn sie schließlich in den Club hineinkommen, dann sind sie unendlich dankbar und finden alles ganz großartig.

Auf einen ähnlichen Effekt setzt auch das Verkaufspersonal in manchen hochgestochenen Läden. Nicht so sehr in denen, die wirklich hochgestochen sind, sondern eher in denen, die sich erst hocharbeiten müssen. Dort wirst du von oben herab behandelt. Vielleicht auch gar nicht bedient. Gute Verkäuferinnen und Verkäufer, die auf die Arroganznummer setzen, geben dir das Gefühl, dass du gar nicht würdig bist, hier einzukaufen. Was sie hier ihren Kunden anbieten, das hast du nicht verdient. Auch wenn du es bezahlen kannst.

Leider muss man sagen, dass diese Masche häufig funktioniert. Stell dir vor, du bist in einen dieser Nobelläden hineingeraten. Und dann das: Du stößt auf Ablehnung und Arroganz. Beim Verkaufspersonal. Das fühlt sich äußerst unangenehm an. Was willst du tun? Dich beschweren? Unter Protest den Laden verlassen? Vielleicht befinden sich noch weitere Kunden in den Verkaufsräumen, die dir mitleidige Blicke zuwerfen. Es ist egal, was du jetzt tust: Du bist dabei, eine bittere Niederlage einzustecken. Vielleicht sagst du dir: Na schön, wenn die mich nicht wollen, dann lasse ich mein Geld eben woanders. Die werden schon sehen, was sie davon haben. Die Konkurrenz wird sich freuen. Doch ein Triumph ist das nicht. Natürlich wirst du nie wieder in diesem Laden kaufen. Natürlich wirst du ihn schlechtmachen. Natürlich wirst du auf Facebook, Twitter und auf allen Bewertungsportalen, die du kriegen kannst, deinem Ärger Luft machen. Aber es wird dir nichts nutzen. Schlimmer noch: Es wird dem arroganten Laden nicht schaden. Vielleicht blüht er erst richtig auf. Und du stellst fest, dass seine Kunden gerade das an ihm so sehr schätzen: Dass Leute wie du und ich dort schlecht behandelt werden.

Nicht schön, aber du musst ja nicht in diesen Läden einkaufen. Lassen wir sie einfach links liegen und gehen wir lieber woanders hin. In die Läden, die wir mögen. Aber auch dort begegnen uns manchmal Verkäufer, die nicht so richtig nett sind. Und *denen* gehen wir dann auf den Leim. Ich wenigstens kann das von mir behaupten. Wenn du mir etwas verkaufen willst, dann stellst du am besten einen leicht mürrischen Verkäufer in den Laden. Wobei dieser leicht mürrische Verkäufer fast immer der Ladenbesitzer ist.

Wer nicht lächeln kann, sollte keinen Laden eröffnen, lautet ein chinesisches Sprichwort. Da ist bestimmt auch etwas dran. Doch ich meine, das Sprichwort ist unvollständig. Es fehlt der Zusatz: »Außer einem Fahrradladen.« Ich finde, um einen Fahrradladen zu führen, ist ein etwas knurriges Naturell durchaus von Vorteil. Sonst hast du verloren, und deine Kunden fangen an, dir auf der Nase herumzutanzen.

Ich bin der Ansicht, wer einen Fahrradladen führt, hat das Recht, vielleicht sogar die Pflicht, seine Kunden dann und wann zusammenzuscheißen. Ich darf das sagen, denn ich bin schon mehrmals der Leidtragende gewesen. Natürlich ist es unangenehm, wenn du dein Fahrrad zur Reparatur bringst und dir erst mal anhören musst: »Wie sieht denn das schöne Fahrrad aus?!« Aber wenn du ehrlich bist, musst du zugeben, dass der Tadel nicht unberechtigt ist. Wolltest du nicht regelmäßig die Kette einfetten? Die Schutzbleche säubern? Die Speichen nachziehen und die Schlammspritzer abwischen? Und jetzt – das! Ich bin sogar schon ermahnt worden, mein Fahrrad besser aufzupumpen. Weil es dann seltener einen Platten bekommt.

Gerade wenn du so gerne Fahrrad fährst wie ich, brauchst du jemanden, der sich a) gut auskennt und dir b) mal gehörig die Meinung geigt. Verkäufer sind doch nicht dazu da, dir in den Enddarm zu kriechen, damit du dich super fühlst und möglichst viele Euros im Laden lässt. Diese Tendenz greift zwar mehr und mehr um sich. Doch ist sie mehr als bedenklich. Verkäufer sollten sich lieber darum kümmern, dass sich ihre Kunden weiterentwickeln. Geschmacklich und menschlich. Und es ist ja nicht so, dass die mürrischen Verkäufer nicht auch freundlich sein könnten. Wenn du das nächste Mal kommst, um dein Fahrrad durchchecken zu lassen, dann hast du es vorher aber so was von picobello geputzt, dass du dir dein verdientes Lob abholen darfst. »Sieht ja sehr gepflegt aus«, sagt dann dein Fahrradhändler. »Na, da wird nicht viel zu machen sein ...« Und dich durchströmt ein unbeschreibliches Glücksgefühl. Denn du weißt: Diese Worte sind so ernst gemeint, wie sie von einem Verkäufer nur ernst gemeint sein können.

# Gesundheit und Ernährung

Wer gesund ist, der ist nur noch nicht gründlich genug untersucht worden, lautet eine alte Medizinerweisheit. Tatsächlich sind wir doch alle ein wenig angeschlagen. Und wenn wir dann noch zum Arzt gehen, wird es erst richtig kritisch. Ärzte entdecken doch immer irgendwas. Und besonders gern entdecken sie Krankheiten, die von deiner Krankenkasse nicht anerkannt werden. Das heißt, dass sie ihre Bekämpfung finanziell nicht unterstützt. Willst du gegen solche Krankheiten etwas unternehmen, dann darfst du die Medikamente selber bezahlen. Zumindest aber die Medikamente, von denen dein Arzt sagt, dass sie am besten helfen. Präparate, bei denen die Wirkung nicht so sicher ist, zahlen die Kassen hingegen schon. Denn die sind wenigstens nicht so teuer. Dabei weißt du als Patient: Was viel kostet, das hilft zuverlässig am besten. Wenn auch nicht immer dem Patienten, so doch auf jeden Fall der Firma, die dieses Medikament herstellt, und manchmal auch dem Arzt, der es verschreibt und wegen der erfreulichen Zusammenarbeit ein kleines Beraterhonorar erhält.

Es kommt aber auch vor, dass dein Arzt mal gar nichts findet. Und das ist auch nicht schön. Du hast ja meist schon einen Verdacht, manchmal sogar einen Wunsch, was bei der Untersuchung herauskommen soll. Irgendetwas Harmloses, wogegen es ein schnell wirkendes Medikament gibt. Eine leichte, aber auch nicht zu leichte Krankheit, die, sagen wir, ein, zwei Tage Bettruhe erfordert. Und dann ist sie aber auch vorbei. Gerade in diesen, man möchte fast sagen klar definierten Fällen lässt dich dein Doktor hängen und verschreibt dir eine Krankheit, die du gar nicht willst. Oder er erklärt dich für gesund, was immer ein hartes Urteil ist, wenn es einem schlecht geht.

Manchmal bekommst du auch zusätzliche Krankheiten aufgebrummt, solche, die noch gar nicht richtig ausgebrochen sind. Aber dein Arzt hat irgendein neues Gerät angeschafft oder kennt eine neue Methode, die ihm hilft, solche Krankheiten zu entdecken. Und du musst das dann ausbaden, Tabletten schlucken oder Schlimmeres. Was wir aber auch nicht vergessen wollen, das ist das Wartezimmer. Hier sitzen Leute beisammen, vollgepumpt mit Krankheitserregern, die auf der Suche sind nach einem neuen Zuhause. Und so kann es kommen, dass du mit einer Krankheit zu deinem Arzt gehst und mit dreien wieder heimkommst. Besonders groß ist die Ansteckungsgefahr, wenn du kerngesund bist und einfach nur zur Vorsorge gehst. Da fängst du dir eigentlich immer was ein.

Und da wir schon mal beim Thema Vorsorge sind, müssen wir auch auf deine Ernährung zu sprechen kommen. Denn Ernährung ist ja so eine Art Vorsorge. Um Krankheiten aller Art aus dem Weg zu gehen, musst du nur das Richtige essen, dich »gesund ernähren«, wie es heißt. Mit vielen Vitaminen, Mineralien und wertvollen Inhaltsstoffen, von denen du noch nie gehört hast. Gerade die sollen aber dafür sorgen, dass du 100 Jahre alt wirst. Und wenn du aufhörst zu rauchen, vielleicht sogar 200. Fast noch wichtiger, als das Richtige zu essen, ist es jedoch, das Falsche *nicht* zu essen. Lass bloß die Finger von diesen schädlichen Lebensmitteln, die im Supermarkt für wenig Geld verkauft werden. Sie machen dich krank, picklig und fett. Und du wirst süchtig danach. Das behaupten wenigstens diejenigen, die mit ihren Ernährungstipps steinreich werden und den anderen den Spaß am Essen verderben.

Dabei haben die Spielverderber natürlich recht. Bei allem, was gut schmeckt, gibt es irgendeinen Haken. Und sei es nur, dass wir furchtbar zunehmen, weil wir so viel davon essen.

Einfach weil es so lecker ist. Sogar Obstsalat soll in dieser Hinsicht nicht ganz unbedenklich sein, hat mir mal jemand erzählt, der dann auf Fleischsalat umgestiegen ist. Mit dem gleichen Ergebnis. Überhaupt Salate. Werden gnadenlos überschätzt. Die sind nämlich gar nicht so gesund, wie immer behauptet wird. So ein Salatblatt enthält genauso viele wertvolle Inhaltsstoffe wie ein Blatt Papier oder die Tapete in deiner Essecke. Eigentlich gar keine. Und überhaupt kannst du alles zum Salat erklären, sobald du zu faul bist, den Matsch aufzuwärmen oder in die Mikrowelle zu schieben. Du träufelst ein bisschen Essig und Öl drüber oder irgendeine anerkannte Salatsoße – fertig ist der Salat. So ähnlich, wie alles asiatisch gesund sein soll, sobald jemand anständig Ingwer reinmischt und es Reis dazu gibt. Aber beim Essen wird sowieso ständig geschummelt und verarscht. Am meisten natürlich, wenn es richtig gut schmecken soll.

Doch zunächst wenden wir uns den Substanzen zu, die berüchtigt sind für ihre bittere Note: der Medizin und den Leuten, die sie dir verordnen. Und auch da ziehen sie dir das Fell über die Ohren und behaupten auch noch, dass du gerade dadurch wieder gesund wirst.

## Warum sowieso niemand die Packungsbeilage liest oder seinen Arzt oder Apotheker fragt

Ich hatte mir gerade den Hals gebrochen. Den Oberschenkelhals. Machen sonst eher ältere Mitbürger, die in ihrer Wohnung stolpern. Denn dieser Knochen ist in mittleren Jahren eigentlich kaum zu brechen. Es sei denn, du rast volle Kanne mit dem Schlitten einen Hügel runter, triffst auf einen Eisblock, fliegst vom Schlitten und schlägst mit deiner Hüfte auf dem gefrorenen Boden auf, der so hart ist wie Stahlbeton. Dann kriegt man das hin mit dem Oberschenkelhals-bruch. Es sieht außerdem noch ziemlich lustig aus. Meine Familie schüttete sich jedenfalls aus vor Lachen, bis meine Lieben bemerkten: Oh, der steht ja gar nicht mehr auf.

So kam ich erst mal in einen Krankenwagen und dann in eine Klinik, wo man mich erst mal auf einen Röntgentisch kriechen ließ. Was mit ungebrochenen Beinen sicher gar kein Problem ist, mir aber doch einigermaßen schwerfiel. Nun, da wusste ja noch niemand, was ich mir da zugezogen hatte. Einen echten Oberschenkelhalsbruch. Eine Sache, die man besser nicht auf die leichte Schulter nimmt. Ich sollte sofort operiert werden.

So lag ich in einem kleinen Raum hinter einem Vorhang, als ein freundlicher Arzt erschien, um mich auf die Operation einzustimmen. Vor allem sollte ich mich damit einverstanden erklären. So, als könnte jemand viel dagegen haben, dass man ihm das Leben rettet. Ich glaube, es würde dir sowieso nicht viel helfen. Ich kann mir nicht vorstellen, dass die dich aus dem Operationssaal wieder rausschieben, wenn du sagst: »Lassen Sie mal gut sein, Herr Doktor, ich glaube, ich komme mit dem gebrochenen Bein ganz gut zurecht.« Vielleicht sollte ich nächstes Mal einfach nur aus Scheiß meine Zustimmung verweigern. Dann gibt es bestimmt lange Gesichter. Aber wenn man richtig verletzt ist, hat man leider keinen Sinn für solche Späße.

Versteh mich richtig. Ich will gar nicht über den Arzt mäkeln. Ganz im Gegenteil. Ich will mich auch nicht beklagen, dass man mich um Erlaubnis fragt, ehe man mich aufschneidet. Sondern jetzt kommt es überhaupt erst: Bevor ich zustimmen konnte, musste mich der Arzt darauf hinweisen, was bei der Operation alles schiefgehen konnte. Das ist gesetzlich so vorgesehen. Aber weil der Arzt ein lebenskluger Mann war, fragte er erst mal nach, ob ich das alles wirklich hören wollte. Richtig, ich wollte es nicht hören. Und ich kann mir nicht vorstellen, dass irgendjemand in meiner Lage Wert darauf legt, sich noch mal die Top Ten der häufigsten Komplikationen anzuhören, ehe er seine Narkose verpasst bekommt und in den OP geschoben wird.

Wer denkt sich so was aus? Was wollen die damit erreichen? Wie stellen die sich das vor? Du erwachst aus der Operation und merkst, du kannst deine Beine nicht mehr bewegen. Oh, das ist aber nicht das, was du dir von dieser Operation erhofft hast. Aber du kannst dich damit trösten, dass es dich nicht völlig unvorbereitet trifft. Gott sei Dank hat dich der Onkel Doktor vorher darauf hingewiesen, dass so was passieren kann. Dann ist die Sache nur halb so schlimm. Und mal ehrlich, die 100 000 anderen schlimmen Dinge, die bei einer Operation passieren können, sind nicht eingetreten. Wie zum Beispiel dein Tod.

Dass du vor so einem Eingriff über die Risiken aufgeklärt wirst, hat einen ganz anderen Grund: Du sollst mit ins Boot geholt werden. Was auch passieren mag, du hast es vorher gewusst. Wenn du das Risiko nicht eingehen wolltest, hättest du ja was sagen können. Und die 33 Formulare, die deine Klinik entlasten, hättest du auch nicht alle unterschreiben brauchen. Du wolltest das so. Du bist schuld. Du und dein seltsamer Körper. Der macht hier den Ärger.

Weit häufiger haben wir jedoch mit der »Packungsbeilage« zu tun, die den Medikamenten beigelegt wird. Da ist genau aufgelistet, was den Leuten zugestoßen ist, die so unvorsichtig waren, dieses Mittel tatsächlich einzunehmen. Die haben Herzrasen bekommen, Hautausschlag, Kopfschmerzen, Fieber, Schluckbeschwerden, Taubheitsgefühle in Armen und Beinen, Schwellungen, Panikattacken, Wahnvorstellungen und vieles mehr.

Wer liest denn so was? Vielleicht irgendwelche Hypochonder, die wissen wollen, welche Symptome sie später ihrem Arzt vorspielen müssen. Aber sonst? Du willst doch gerade nicht wissen, was dir da alles blüht. Sonst nimmst du das Zeug doch gar nicht erst ein. Es ist doch so: Wenn du die Packungsbeilage liest, dann ist es doch sowieso zu spät. Du hast die Medizin doch schon gekauft. Meist hat sie dir dein Arzt auch noch verschrieben. Denn die richtig harten Kracher sind natürlich alle verschreibungspflichtig. Da kommst du von alleine gar nicht dran. Also, was sollst du mit diesen Informationen anfangen? Dir sagen: »Ich nehme das mal ein. Vielleicht muss ich kotzen, vielleicht werde ich wahnsinnig. Aber Hauptsache, ich werde meinen Husten los«?

Ich glaube, die Packungsbeilage soll sowieso niemand lesen. Darum ist sie auch extra klein gedruckt. Vielleicht sollen sich ältere Mitbürger den Text von ihren jüngeren Verwandten vorlesen lassen. Die dann das Mittel unauffällig im Müll verschwinden lassen. Oder im Gegenteil: die doppelte Dosis unters Essen mischen.

Wenn du mit der Packungsbeilage nicht klarkommst, dann sollst du deinen Arzt oder Apotheker fragen. Aber was sollst du die denn fragen? »Soll ich das Zeug wirklich nehmen oder kriege ich davon Pickel?« – »Wenn mir morgen ein Ohr abfällt, liegt das dann an der Salbe?« Oder frag deinen Arzt doch gleich, wenn er dir das Rezept ausstellt: »Wollen Sie mich umbringen, Herr Doktor?«

## Warum dein Arzt nie Zeit für dich hat

Damit geht es doch schon los: Wenn du einen Arzt brauchst, bekommst du erst mal keinen Termin. Vor allem bei Fachärzten ist das so, also bei denen, die sich mit den Krankheiten richtig gut auskennen. Und besonders schlimm ist es, wenn du das erste Mal zu so einem Facharzt musst. Dann brauchst du ihn meist am nötigsten. Doch was so ein richtig guter Facharzt ist, der ist über Wochen und Monate ausgebucht. Und wer kein richtig guter Facharzt ist, der will wenigstens so scheinen wie einer – und ist ebenfalls über Wochen und Monate ausgebucht. Oft bekommst du erst dann einen Termin, wenn deine Krankheit schon wieder weg ist und du mittlerweile unter was ganz anderem leidest. Du brauchst eigentlich einen anderen Facharzt, aber für den bekommst du erst einen Termin, wenn du vielleicht schon wieder unter der ersten Krankheit leidest. Also, geh da ruhig mal hin.

Vielleicht könnte man im Internet eine Tauschbörse für Facharzttermine organisieren. Das wäre bestimmt eine Goldgrube. Und nach ein paar Jahren kannst du die für einen dreistelligen Millionenbetrag an Google oder Facebook verkaufen. Auch nicht schlecht. Eine andere Möglichkeit wäre natürlich: Du vereinbarst einen Termin beim Facharzt, wenn du noch gar nicht richtig krank bist. Dann kannst du ganz entspannt einige Monate warten und dann mit ein paar Leberflecken zum Hautarzt, mit Tränen in den Augen zum Augenarzt und mit schiefem Lächeln zum Kieferorthopäden. Der soll das mal geraderücken.

Das macht natürlich keiner, ich weiß. Die meisten von uns gehen ja nicht gerade gerne zum Arzt, sondern nur, wenn es sich absolut nicht vermeiden lässt. Wenn du von rätselhaften Schmerzen gepeinigt wirst, dich nicht mehr fortbewegen kannst, du nicht mehr riechen, hören, sehen oder Witze erzählen kannst. Wenn irgendwas anschwillt, Blut rauskommt oder irgendwas rausfällt, was eigentlich drinbleiben sollte. Dann fassen wir den Entschluss, zum Arzt zu gehen. Ich frage mich, warum die Arztpraxen dann so rappelvoll sind. Wenn da eigentlich keiner hinwill.

Und es kommt ja noch schlimmer. Weil diese Arztpraxen immer so rappelvoll sind, haben die Ärzte für jeden Einzelnen immer weniger Zeit. Vor allem wenn er Kassenpatient ist, kann sich der Arzt nicht lange mit ihm aufhalten. Bei manchen Ärzten geht es zu wie beim Blitzschach. Sie stürzen von Behandlungszimmer zu Behandlungszimmer und wissen schon nach wenigen Augenblicken, was zu tun ist. Vor allem setzen sie ihre Patienten am Ende immer schachmatt.

Trotzdem fragst du dich: Warum muss das Wartezimmer immer so voll sein? Weil so viele Leute krank sind? Weil es so wenig Ärzte gibt? Weil die deinen Termin extra so legen, dass du noch lange nicht dran bist, wenn du kommst? Schwer zu sagen. Vielleicht denkst du dir: Wenn ich hier sowieso ein, zwei Stündchen absitzen muss, dann komme ich doch gleich ein, zwei Stündchen später, als die freundliche Sprechstundenhilfe angegeben hat. Doch das ist keine gute Idee. Denn dann kannst du dich ganz hinten anstellen. Im schlimmsten Fall ist dein Termin verfallen, weil du nicht rechtzeitig erschienen bist, um das Wartezimmer zu füllen und die Zeitschriften zu lesen, die dein Arzt hier für dich ausgelegt hat. Zur Strafe musst du nach Hause gehen und um einen neuen Termin betteln.

Das Wartezimmer soll schön voll sein. Je mehr Gedränge, desto besser. Ist das Wartezimmer klein genug, können sich schon fünf Leute mächtig ins Gehege kommen. Manche Praxen stellen außerdem noch Stühle im Flur auf. Der beste Platz ist in unmittelbarer Nähe vom Behandlungszimmer. Das Wartezimmer ist also bloß die erste Station. Erst im Flur rückst du deiner Behandlung Stuhl um Stuhl näher. Dann denkt doch jeder: Was muss das für ein Wunderheiler sein, wenn bei dem die halbe Stadt darauf wartet, behandelt zu werden.

So was schafft dein Arzt natürlich nicht, wenn er nur die Kranken behandelt. Es müssen sich auch ausreichend Gesunde bei ihm einfinden. Was wollen die denn bei ihm? Nun, die kommen zur Vorsorge, zur Kontrolle oder einfach nur, weil sie sich eine »ärztliche Zusatzleistung« haben aufschwatzen lassen. Die nehmen wir uns gleich noch genauer vor. Jetzt sollst du erst mal verstehen, warum dein Arzt einfach keine Zeit für dich hat. Er muss sich um so viele andere Menschen auch noch kümmern. Um die Kranken, um sie gesund zu machen. Um die Gesunden, um sie davor zu bewahren, krank zu werden. Und um die Menschen, mit denen er wirklich Geld verdient: die Privatpatienten und die Leute, denen er eine »ärztliche Zusatzleistung« andrehen kann. Wenn du kein Privatpatient bist, bleibt dir also nur eine Möglichkeit, ein paar Sympathiepunkte bei deinem Arzt zu verdienen: Du musst dir eine »ärztliche Zusatzleistung« andrehen lassen.

## Warum dein Arzt dir überflüssigen Schnickschnack verkaufen will

In den guten alten Zeiten, da konntest du dich noch auf deinen Arzt verlassen. Wenn er dir irgendein sauteures Zeug verordnet hat, dann hast du davon nicht viel mitbekommen. Finanziell, meine ich. Die Kasse hat damals alles bezahlt. Und du konntest als armer Schlucker an der Spitze des medizinischen Fortschritts mitmarschieren. Nun, das ist lange her. Heute legen die Krankenkassen fest, was du darfst und was du nicht darfst. Und sogar bei dem, was du darfst, musst du zuzahlen, dass es dir die Urlaubskasse zerreißt. Dabei gibt es bestimmt mehr Leute, die gerne gepflegt in den Urlaub fahren wollen, als sich in eine Klinik zu legen, um sich am Darm herumoperieren oder sich einen Herzschrittmacher einsetzen zu lassen. Aber danach fragen diese Ärzte komischerweise nie.

Stattdessen wollen sie dir irgendwelche Zusatzleistungen verkaufen. Die nennen sie »individuelle Gesundheitsleistungen« oder kurz »IGeL«. Mit dem Igel, der bei dir im Garten lebt, kannst du die »IGeL« aber nicht verwechseln. *Der* Igel ist ein kleines, scheues Tierchen, das sich von Insekten, Würmern, Larven, Aas und Mäusen ernährt und daher als sehr nützlich gilt. *Die* IGeL sind hingegen fette, aufdringliche Extrawürste, die dir von deinem Arzt aufgedrängt werden. Die IGeL ernähren sich von den Ersparnissen ahnungsloser Kassenpatienten, fressen das Vertrauen zwischen Arzt und Patient und gelten als Hokuspokus. Zu den IGeLn gehören: Untersuchungen zur »Früherkennung«, Messungen vom Augeninnendruck, 3D-Ultraschall während der Schwangerschaft, professionelle Zahnreinigung. Solche Sachen, bei denen die Leute von den Krankenkassen die Augen verdrehen und sagen: »Wie doof ist das denn?!« Oder in der schwäbischen Version: »Mir gäbet nix.«

Nun muss man allerdings sagen, dass die Krankenkassen immer knausriger werden. Sie versichern zwar, dass sie dir alles spendieren, was »medizinisch notwendig« ist. Doch ist das weniger, als man so denkt. Ich habe den Eindruck, dass sie dich immer gerade so von der Schwelle des Todes wegkratzen. Aber wenn du mehr haben willst, heißt es: Selber zahlen oder gleich IGeL. Dabei gibt es Kassen, die zahlen dir sogar Homöopathie oder irgendeinen anderen alternativen Firlefanz. Doch das ist nur eine Werbemaßnahme, damit du denkst: »Wow, die zahlen sogar für so einen Mist wie Homöopathie! Wie viel lassen die dann erst springen, wenn es wirklich was nützt?« Nicht viel, lautet die Antwort, die jeder Kassenpatient irgendwann herausfindet.

Deine Ärzte hingegen tun so, als wären sie auf deiner Seite. Und das sind sie irgendwie auch. Sie haben die besten Absichten, wenn sie dir eine Antischnarch-Operation empfehlen. Deinen Rücken mit Magnetfeldern bearbeiten. Deine Gebärmutter mit Ultraschall untersuchen. Oder dir Blutegel irgendwohin setzen möchten. Medizinisch bringt das zwar nichts, aber gerade deshalb festigt es die Beziehung zwischen Arzt und Patient.

Wer dafür zahlt, von Blutegeln ausgesagt zu werden, der muss seinem Arzt schon außergewöhnlich tief vertrauen.

Und dann gibt es ja noch die »professionelle Zahnreinigung«. Zahnreinigung, das machen wir doch alle. Mehrmals täglich, wie ich hoffe. Mit der Zahnbürste. Aber wenn du ehrlich bist: Ein Profi, das bist du nicht. Da kannst du mit deinem Geschrubbe nicht mithalten. Und darum gönnst du dir vielleicht mal eine »professionelle Zahnreinigung«. So wie ich. Ehrlicherweise muss man sagen: Die »professionelle Zahnreinigung« ist nicht unumstritten. Es gibt Leute, die meinen, es genügt vollkommen, wenn du regelmäßig mit deiner Zahnbürste dein Gebiss abbürstest. Sogar Zahnseide kannst du dir eigentlich sparen. Von Mundduschen und diesen fiesen, feinen Zwischenraumbürstchen, bei denen du immer Angst hast stecken zu bleiben, von diesen Geräten wollen wir gar nicht erst reden. Vielleicht ist das so. Auf der anderen Seite hat so eine »professionelle Zahnreinigung« auch ihre erzieherischen Qualitäten. Dir wird nämlich nicht nur das Gebiss gereinigt, dass du wieder breit grinsen kannst. Bevor gereinigt wird, musst du eine rote Tablette zerkauen. Das Ergebnis zeigt dir an, wie scheiße du eigentlich deine Zähne putzt. Überall, wo sich deine Zähne rot gefärbt haben, hängt noch jede Menge Dreck. Da hast du nicht richtig gereinigt. Außerdem erzählen sie dir, wo du »zu viel Druck« mit deiner Zahnbürste ausübst und dir mit den besten Absichten dein Zahnfleisch weghobelst. Da muss ich zugeben: So was lohnt sich. Ein bisschen Horror, ein bisschen praktische Zahnputzpädagogik, und deine Zähne erstrahlen nachher in ihrer natürlichen Elfenbeinfarbe. Das Wichtigste ist aber: Am Ende ist dein Zahnarzt mit dir zufrieden. Du gehörst jetzt zu den Guten. Wär dein Gebiss ein Auto, wäre es jetzt »scheck-heftgepflegt«. Damit kannst du dich in jeder Zahnarztpraxis sehen lassen.

Andersherum merkst du, wie sich die Stimmung plötzlich ins Frostige dreht, wenn du so eine IGeL einfach ablehnst. Dein Arzt hat sie dir empfohlen – und du sagst: Nein. Zweifelst du an seiner Kompetenz? An seiner Vertrauenswürdigkeit? Irgendwie ja schon. Kannst du dich da überhaupt noch blicken lassen? Eher nicht. Viele versuchen sich daher rauszureden mit einem Argument, das sonst immer zieht: Kein Geld. Doch bei deinem Arzt und seinen IGeLn kommst du nicht so leicht davon. »Das sollte Ihnen Ihre Gesundheit schon wert sein«, gibt er zu bedenken. Und dann schlägt er vor, du könntest ja bei deinem Urlaub ein wenig abspecken. Dagegen können wir wirklich nicht viel einwenden, wir Ferienfürsten. Höchstens, dass wir bei unserem Urlaub abspecken sollen, damit sein eigener Urlaub umso fetter wird.

## Warum dir der Notdienst auch nicht helfen kann

Kennst du das? Es ist Wochenende oder mitten in der Nacht, und es deuten bedenkliche Anzeichen darauf hin, dass mit dir irgendwas nicht stimmt. Gesundheitlich, meine ich. Erst versuchst du, die Sache zu ignorieren. Du sagst dir: Das geht vorüber. Geht es aber nicht. Dann stellst du dir die Frage, ob du noch so lange durchhältst, bis deine Ärztin ihre Praxis wieder aufmacht. Gleich morgen früh gehe ich da hin, sagst du dir. Bis sich in dir der Eindruck verfestigt: Wenn ich morgen da hinwill, bin ich vielleicht schon hinüber. Oder wenn es dich am Wochenende erwischt, spürst du, dass du es unmöglich bis Montag aushältst. Du musst zum Arzt. Und zwar jetzt, auf der Stelle!

In solchen Momenten schlägt die Stunde des ärztlichen Notdiensts. Eigentlich ist das ja eine ganz tolle Einrichtung.

Du wirst nie allein gelassen, kannst dich rund um die Uhr mit deinen Krankheiten an medizinisches Fachpersonal wenden. Egal, ob du Zahnweh hast oder dein Hintern brennt. Man möchte auf die Knie sinken und Danke sagen dafür, dass es so was überhaupt gibt.

Doch nicht so voreilig! Denn gerade wenn es sich um eine Supersache handelt, ruft das zuverlässig Leute auf den Plan, die alles wieder versauen. Und so ist es eben auch beim ärztlichen Notdienst. Ich weiß schon, das sind ganz normale Ärzte, die sonst friedlich in ihrer Praxis arbeiten und ihre Patienten gesund und glücklich machen. Auch dein Hausarzt, deine Zahnärztin, dein Augenarzt und zu wem du sonst noch gehst, all diese Mediziner, denen du so sehr vertraust, auch die werden dazu verdonnert, von Zeit zu Zeit Notdienst zu machen. Ob die dann ebenfalls so seltsam sind, weißt du nicht. Denn du gehst ja zum Notdienst, weil dein Arzt seine Praxis gerade geschlossen hat, du aber dringend ärztlich behandelt werden willst. Was du bekommst, ist jedoch etwas anderes. Etwas fast schon verdächtig anderes.

Ich weiß nicht, wie ich es ausdrücken soll. Stell dir vor, du besuchst einen Freund, der Arzt ist. Gleich hat er Sprechstunde. Da passiert es: Er wird von einem furchtbaren Schwächeanfall niedergestreckt. Er sinkt zu Boden und presst mühsam die Worte hervor: »Die Sprechstunde ... In fünf Minuten ... Du musst mich vertreten ...« Panisch schüttelst du den Kopf: »Ich bin kein Arzt. Ich kenne mich überhaupt nicht aus. Wie stellst du dir das vor?« Dein Arztfreund lächelt gequält: »Du musst gar nichts machen ... Halt sie einfach nur hin ... Bis die Sprechstunde vorbei ist ...« »Aber irgendetwas muss ich denen doch sagen! Die Leute sind krank, haben Beschwerden und erwarten Hilfe. Was soll ich tun?« Dein Arztfreund äußert mit letzter Kraft: »Zieh dir einen Arztkittel über ... Und dann: Lass dir was einfallen. Du schaffst das schon.«

Mit diesen Worten sinkt dein Arztfreund in Ohnmacht. Du nimmst den Kittel vom Haken und begibst dich zögernd ins Sprechzimmer, wo schon der erste Patient auf dich wartet.

So ähnlich kommt mir die Situation beim Notdienst vor. Ich wenigstens würde mich so verhalten, wenn ich einen echten Arzt vertreten müsste, der nebenan ohnmächtig auf dem Sofa liegt. Erst mal lässt du den Patienten erzählen, was mit ihm los ist. Damit er keinen Verdacht schöpft, lässt du ein paar schlaue Bemerkungen fallen, die irgendwie nach Arzt klingen, aber keine Bedeutung haben. Du kannst auch einfach wiederholen, was dir der Patient gerade erzählt hat. Oder du fragst nach, was sein Arzt ihm erzählt hat. Und das erzählst du ihm dann noch mal. Tja, und dann ... was machst du dann? Vielleicht ein Röntgenbild? Röntgen ist ja nicht ganz unbedenklich. Man soll bloß nicht zu viel röntgen, heißt es. Auf der anderen Seite sind aber doch erstaunlich viele Röntgenbilder möglich, ohne dass es wirklich gefährlich wird. Also du machst jetzt einfach mal ein Röntgenbild. Dadurch gewinnst du Zeit. Und du vermittelst den Eindruck, dass du der Sache auf den Grund gehst. Auch wenn sonst gar nichts passiert. Was beim Notdienst fast immer so ist. Wenn du später den Patienten wieder nach Hause schickst, kann er sich sagen: Immerhin hat der Notdienst ein Röntgenbild gemacht. War es doch nicht völlig umsonst, dass ich mir die Nacht um die Ohren gehauen habe.

War es natürlich doch. Vom Notdienst gehst du oft enttäuscht nach Hause. Nehmen die dich und deine Beschwerden überhaupt ernst? Sogar wenn dir was höllisch wehtut, geben die dir häufig nur ein Schmerzmittel und den guten Tipp, am nächsten Morgen einen Arzt aufzusuchen. Du dachtest doch, du wärst hier beim Arzt. Sind das am Ende gar keine echten Ärzte? Vielleicht liegt der richtige Arzt tatsächlich nebenan auf dem Sofa. Nicht dass er ohnmächtig geworden ist.

Aber vielleicht schläft er einfach nur und sammelt Kraft für die wirklich wichtigen Fälle.

## Warum sich dein Schamane schon gar nicht auskennt

Bitte mal Finger hoch: Wer hat heute noch Vertrauen in die Schulmedizin? Aha, schon noch einige. Ich gehöre übrigens auch zu denen. Zugegeben, wir werden von der Schulmedizin immer wieder an der Nase herumgeführt. Manchmal sogar richtig schlimm. Wissenschaftler fälschen Forschungsergebnisse, Pharmafirmen bestechen Ärzte und bringen Medikamente auf den Markt, die vor lauter Nebenwirkungen gar keine Hauptwirkung mehr haben. Schwestern schlampen, Pfleger pfuschen, Chirurgen nehmen dir das falsche Bein ab oder die Mandeln raus, wenn sie eigentlich deinen Blinddarm entfernen sollen, sie vergessen ihre Handschuhe in deiner Bauchhöhle und führen komplizierte Operationen nur durch, wenn sie hackedicht sind. Mit einem Wort, in der Medizin geht es auch nicht besser zu als in allen anderen Berufen.

Darum wenden sich immer Menschen von der vertrauten Schulmedizin ab und setzen auf »alternative Heilverfahren«. Wie der Name schon richtig vermuten lässt, besteht der Hauptvorzug der »alternativen« Methoden darin, dass sie *anders* sind als diese grässliche Behandlung, mit der uns die Schulmedizin quält. Ich meine: Schulmedizin, was willst du da erwarten? Außer dass die dich beinhart quälen, ja, mobben wie in der Schule. Da hieß es ja auch: Immer auf die Schwachen. Und in der Schulmedizin, da sind die Schwachen nun mal die Kranken.

Ich habe es hier ja schon erzählt: Vor ein paar Jahren habe ich mir beim Schlittenfahren den Oberschenkelhals gebrochen. Das ist kein Pappenstiel. Und so musste ich ein paar

Tage in der Klinik bleiben und mir die nächtlichen Schnarch-wettbewerbe meiner ansonsten sehr netten Zimmergenossen anhören. Das Nettsein bezog sich aber nur auf ihre Wach-phasen. Sobald sie einschliefen, war es die Hölle. Betreut wurde unser Viererzimmer wir von einer erfahrenen Pflege-kraft, die sich auch als Feldwebel bei der Bundeswehr hätte bewerben können. Wobei ich glaube, dass die Feldwebel bei der Bundeswehr heute richtig nette Typen sind und nicht die-sen militärischen Ton draufhaben wie diese Oberschwestern. Unsere Oberschwester marschierte stets im Morgengrauen in unserem Krankenzimmer ein und verteilte die Medizin. Ihre Einstellung uns gegenüber zeigte sich ganz gut darin, dass sie die Tablettenschachtel ganz weit außen auf unseren Nachtschrank abstellte. Nur zur Erinnerung: Wir waren ja alle Personen mit erheblichen Mobilitätseinschränkungen. Aber genau hier setzte unsere Schwester an: Wir sollten uns bewe-gen, um wieder zu gesunden. Und wie bringt man so faule, mobilitätseingeschränkte Männer dazu, ihre Arm- und Bein-muskulatur zu aktivieren? Ganz genau, man zwingt sie dazu, sich an ihr Pillenschächtelchen heranzurobben. Und das kos-tet Kraft, wenn du dein linkes Bein sehr weit oben frisch ge-brochen hast. Vielleicht denkst du dir: Warum machen die das Spielchen überhaupt mit? Wenn die Tabletten nicht in Griff-weite abgelegt werden, tja, dann kann man sie ja auch nicht einnehmen. Die wird aber mächtig Ärger bekommen, diese Schwester, die ihre Patienten nicht anständig versorgt. Doch da hast du deine Rechnung ohne die »Schulmedizin« gemacht. Wenn einer Ärger bekommt, dann bist du das. Tabletten nicht einnehmen – gleich mal in der Krankenakte festhalten. Und wie ist das überhaupt? Hatten Sie heute schon Stuhlgang?

Man kann es also sehr gut verstehen, wenn sich die Leute nach »Alternativen« umsehen. Und da werden sie heute über-all fündig. Es gibt Geisterheiler, Chiropraktiker, Reiki-Meisterinnen, Schamanen und Irisdiagnostiker, die dir tief in Augen schauen und dann genau wissen, wo dich der Schuh drückt. Es gibt heilende Hexen und selbst ernannte Druiden, Klopftherapeutinnen und Hildegard-Medizinerinnen. Es gibt Ayurveda und traditionelle chinesische Medizin. Auch die Heilkunst der Indianer wird gerne genommen, um der kalten Apparatemedizin der bösen Bleichgesichter etwas entgegenzusetzen. Zum Beispiel die »Ohrkerze«, auch »Hopi-Kerze« genannt, weil irgendjemand mal auf die verwegene Idee gekommen ist, dieses seltsame Produkt den Hopi-Indianern anzudichten. Die galten eine Zeit lang als die weisesten Indianer überhaupt. Mit einer geheimnisvollen Sprache und düsteren Prophezeiungen. Sie sollen den moralischen Verfall unserer Zivilisation vorausgesagt haben. Und den anschließenden Weltuntergang. So was kommt bei einigen Leuten ziemlich gut an. Das Leben meint es vielleicht nicht gut mit ihnen, aber die Hopi, die wissen schon, dass so was nicht ungestraft bleibt.

Aber zurück zur »Hopi-Kerze«. Du legst dich auf das eine Ohr, und in das andere steckst du deine »Hopikerze«. Die ist innen hohl und wird oben angezündet. Du hörst dann ein wohliges Knistern, und das soll gegen alle möglichen Krankheiten helfen, Ohrschmalz wegschmelzen und Stress abbauen. Da macht den Indianern keiner was vor.

Wenn du das für ausgemachten Käse hältst, so sind die Hopi auf deiner Seite. Irgendjemand muss ihnen nämlich gesteckt haben, was für ein Unfug unter ihrem Namen in den Esoterik-Shops dieser Welt verkauft wird. Vertreter der Hopi haben jedenfalls dagegen protestiert und gemeint: Brennende Ohrkerzen wären ja wohl das Letzte, was sich so ein Hopi in die Gehörgänge stecken würde. Aber so was wollen unsere Ethno-Medizinmänner natürlich nicht hören.

Und wenn doch – es gibt ja noch andere Naturvölker, denen man diese Schnapsidee andichten kann. Und so kannst du heute nicht nur Ohrkerzen, sondern die unterschiedlichsten Körperkerzen kaufen, die du dir sonst wo reinschieben kannst, um durch den »Kamineffekt« deinen Körper zu »entschlacken«. Leider brennen dabei immer wieder irgendwelchen Leuten ihre Körperteile an. Und so liegt der Verdacht nahe, dass diese zweifelhafte Heilmethode ihren Ursprung im experimentierfreudigen Volksstamm der BDSM-Szene hat.

Was die alternativen Heilmethoden aber vor allem so beliebt macht: Sie sollen »ganzheitlich« sein. Während sich so ein Schulmediziner nur um dein kaputtes Knie, deine entzündete Zahnwurzel und deine Leberwerte kümmert, hat dein alternativer Heiler noch ganz andere Dinge im Blick. Deine Ernährung, deine sozialen Kontakte, dein Bankkonto. Alles hängt mit allem zusammen. Darum können diese alternativen Heiler jeden Scheiß machen, ohne dass du misstrauisch wirst. Bei deinem Zahnarzt kämst du ins Grübeln, wenn er dir nicht in den Mund schauen würde, sondern, sagen wir, auf die Fußsohlen. Ein alternativer Heiler darf so was. Und wenn er dir an den Zehen herumdrückt, denkst du: Das ist wirklich viel besser als bohren.

Während sich dein Arzt bemühen sollte, fachlich auf dem neuesten Stand zu bleiben, kann das Wissen deines alternativen Heilers gar nicht überholt genug sein. Egal, ob er es von den alten Germanen, den alten Mönchen oder Neandertalern übernommen hat. Oder ob er ganz von selbst drauf gekommen ist: Neu dürfen seine Erkenntnisse gerade nicht sein. Sondern alt. Uralt. Alt und irgendwie geheim. Den Naturvölkern abgelauscht. Oder von irgendwelchen fernen Hochkulturen übernommen. Den Indern, den Tibetern oder Chinesen. Hauptsache weit weg, Hauptsache fremdartige Schriftzeichen. Warum die sich mit deinem Hohlkreuz, deinen Kopfschmerzen oder deinen Warzen besser auskennen sollen als so ein fitter Facharzt, das habe ich noch nie begriffen. Es ist ja nicht so, als wären damals die Leute besonders alt geworden oder gesünder gewesen als wir. Dabei gab es damals noch nicht mal FastFood, Schokoriegel, Massentierhaltung, Kaffeeweißer, Tiefkühlpizza, Popcorn aus der Mikrowelle und Drei-Liter-Cola-Flaschen. Die Leute haben sich ausreichend bewegt, waren an der frischen Luft und haben nicht ständig auf ihr Smartphone gestarrt. Und trotzdem waren sie mit 40 bereits alt und morsch. Mit 40! Da haben viele von uns gerade mal die Pubertät hinter sich. Manche haben sie sogar noch vor sich. Und immer mehr Leute kommen gar nicht erst hinein, weil sie nämlich zeit ihres Lebens auf dem Reifegrad von Achtjährigen verharren. Aber das ist ein anderes Thema. Auf jeden Fall leben wir heute im Schnitt viel länger und bleiben auch länger gesund als früher. Und das, obwohl die Ärzte immer weniger Zeit für dich haben, das Pflegepersonal dir nicht mehr zuhört und die Beipackzettel deiner Medikamente mehr Krankheiten als mögliche Nebenwirkung auflisten, als in den alten Zeiten überhaupt nur bekannt waren.

Doch du darfst ja nicht glauben, dass du es mit echten alten Indern, Chinesen oder Schamanen aus fernen Ländern zu tun bekommst. Die alternativen Heiler kommen aus unserer Mitte. Ihr obskures Wissen haben sie in verschiedenen Workshops und Seminaren mit einer Durchfallquote von null Komma null aufgeschnappt. Aus Büchern zusammengesammelt und natürlich aus dem Internet. Das genügt, um zu den Erleuchteten zu gehören. Dabei kombinieren sie gerne ganz unterschiedliche Traditionen: Ayurveda aus Indien mit Klangschalen aus Japan und Heilsteinen aus dem Mittelalter. Manche setzen noch einen drauf und behaupten dreist, sie würden Erkenntnisse aus der Quantenphysik oder »den Biowissenschaften« einfließen lassen. Allerdings haben sie in der Schule nicht mal begriffen, was ein Stromkreis ist. Und von Biowissenschaften verstehen sie genauso viel wie ein

Biojoghurt. Wenn du denen auf den Leim gehst, ist dir wirklich nicht zu helfen. Höchstens von einem Wunderheiler.

Aber natürlich gibt es auch die echten, die wahren Wunderheiler. Die vollbringen manchmal Erstaunliches. Sie heilen schwerste Krankheiten, machen uns gesund, wenn schon keiner mehr damit rechnet. Darüber verlieren sie keine großen Worte. Und so schreiben sich andere ihre Erfolge auf die Fahnen. Dabei haben die nur ein paar Duftkerzen angezündet, Zaubersprüche gemurmelt und Streukügelchen verabreicht. Du vermutest richtig: Diese wahren Wunderheiler sind wir selbst. Es sind unsere Selbstheilungskräfte, die uns immer wieder rausreißen, aufrichten und neue Kraft geben. Und dann kommt so ein windiger Bachblütentherapeut daher und sagt: »Seht ihr? Meine Therapie hat funktioniert!«

## Warum alle guten Köche schummeln

Was ist das Erste, was jemand macht, der richtig gut kochen kann? Er oder sie wirft alle anderen aus der Küche raus. So eine Meisterköchin sagt dann meistens, sie wolle sich von den anderen nicht reinreden lassen. Das ist jedoch nur eine vorgeschobene Behauptung. Wer würde ihr denn reinreden? Ihre Mutter vielleicht. Höchstens noch ihr neuer Lebensabschnittspartner oder so jemand, der eigentlich »nur helfen will«. Alle anderen würden sie doch machen lassen. Gemäkelt wird ja erst später, wenn das Essen auf dem Tisch steht. Nein, die erfahrenen Köche werfen uns raus, weil sie Dinge tun, die nicht jeder sehen darf. Und schon gar nicht die Leute, die das später essen sollen.

In der Küche, da wird nun mal geschummelt. Es gelangen Zutaten in Töpfe und Pfannen, die du dort nicht vermuten würdest. Sondern eher im Abfalleimer. Manches ist überreif, anderes bereits faul. Doch mit den richtigen Hilfsmitteln wird daraus noch eine schmackhafte Mahlzeit. Altes Fleisch wird wieder jung, zähes wieder zart, fettes wieder mager. Was eben noch so streng gerochen hat, das gibt dem Ganzen plötzlich sein angenehm nussiges Aroma. Was eben noch dunkle Flecken trug, das zeigt mit einem Mal diese appetitlich helle Farbe. Wo sind jetzt die Flecken hingekommen? Doch nicht in die Soße? Exotische Gewürze kitzeln den Gaumen, um dem etwas faden Grundgeschmack aufzuhelfen. Auch wenn etwas anbrennt – und was brennt heutzutage nicht an? –, wenn etwas versalzen wird, verpfeffert oder verwechselt, so lässt sich das fast immer noch retten. Man kann es strecken, neutralisieren, Sahne oder Joghurt oder Pizzatomaten dazugeben, man kann dagegen anwürzen und außerdem behaupten, diese leicht bittere Schärfe gehöre zu dem betreffenden Gericht einfach dazu. Früher wurde es nämlich in einem Kessel über offener Flamme gebrutzelt. Es gibt Küchengeheimnisse, die dir deine eigene Großmutter nicht verraten würde. Zumindest nicht, wenn sie dich bekocht und möchte, dass du aufisst.

Ein Bekannter hat mir allerdings mal erzählt, wie man im Notfall zähes Fleisch wieder zart bekommt. Man tut Kiwi dran. Genau, diese grüne Frucht, die irgendwann mal aus Neuseeland nach Europa kam und dir heute im jedem Supermarkt zum Billigpreis nachgeworfen wird. Die Kiwi löffelst du aus und tränkst das zähe Fleisch mit ihrem Saft, der glücklicherweise nach gar nichts schmeckt. Ich habe keine Ahnung, ob das irgendwas bringt. Ausprobiert habe ich das noch nicht. Ich merke sowieso erst viel zu spät, wenn Fleisch zäh ist. Und dann habe ich meist sowieso keine Kiwi zur Hand, wenn es drauf ankommt. Aber vielleicht machst du bei nächster Gelegenheit mal den Kiwi-Fleisch-Test. Vielleicht wirst du von deinen Gästen vergöttert, vielleicht gehört dieser Geheimtipp aber auch zu den unendlich vielen Ideen, die nicht funktionieren und trotzdem weitererzählt werden. Von Leuten, die sich nicht auskennen, aber mitreden wollen. Ob mein Bekannter dazu zählt, weiß ich nicht. Ich aber auf jeden Fall. Zumindest aber, was diese ausgebufften Küchentricks betrifft, gehöre ich zu den Ahnungslosen. Ich bin schon froh, wenn mir das Nudelwasser nicht überkocht.

Bei ist es auch eher andersrum: Ich kaufe hochwertige Zutaten ein, die ich dann zu einer Mahlzeit verkoche, der man ihre Qualität und Frische nicht immer ansieht. Das ist auch so, wenn ich nach Rezept koche. Ja, eigentlich gerade dann. Bei mir sieht das nie so aus wie im Kochbuch.

Dabei ist mir schon bewusst, dass die Bilder im Kochbuch das Werk von »Food-Fotografen« sind. Die arbeiten natürlich ebenfalls mit raffinierten Tricks. Nur eben mit ganz anderen. Da darf man nicht durcheinanderkommen. Irgendjemand hat mir mal erzählt, dass die Food-Fotografen das Essen mit Haarspray einsprühen, damit es richtig frisch und appetitlich aussieht. Essen kannst du so was natürlich nicht mehr. Es ist nur dazu da, damit jemand schöne Bilder macht. Danach kannst du es wegwerfen. In dieser Hinsicht können es meine Gerichte dann doch mit den Kreationen der Fotografen aufnehmen. Meistens jedenfalls.

Trotzdem gibt es beim Erscheinungsbild meiner selbst zubereiteten Mahlzeiten deutlich Luft nach oben, finde ich. So richtig beeindrucken kann ich damit nur wenige. Daher versuche ich, mit den Gerüchen zu punkten, was dann doch wieder manches rausreißt. Bei der Optik handelt es sich meiner Meinung nach um ein tiefer liegendes Problem, mit dem du immer zu tun hast, wenn du einfach nur ehrlich kochen willst. Die Bilder führen uns in die Irre. Es ist wie so oft in diesem Buch: Wir selbst sind gar nicht so übel, wie wir denken. Denn der krasseste Unterschied zwischen einem »Food-

Foto« und der traurigen Realität auf dem Teller ergibt sich immer dann, wenn wir ein Fertiggericht zubereiten. Egal, ob aus der Dose oder aus dem Tiefkühlfach. Und ich wette, bei allen anderen sehen das »Schlemmerfilet«, das »Nasi Goreng« oder die »Steinofenpizza« auch nicht besser aus. Es gibt ja nicht viel falsch zu machen, wenn das Kochen im Wesentlichen im Erhitzen besteht.

Doch wir sind mit unserem Thema noch nicht ganz durch. Denn in der heimischen Küche, da schummeln ja die Amateure. In den Restaurants, den Schlemmerlokalen und Großküchen aber, da sind die Profis am Werk. Und du kannst mir glauben, die haben noch ganz andere Sachen drauf. Da bekommst du ein »Potpourri von Edelfischen mit Safranfenchel« vorgesetzt, dass dir Hören und Sehen vergeht. Und du kannst froh sein, wenn wenigstens der Fenchel echt ist. Wobei man natürlich schon sagen muss, dass heutzutage jeder Fisch irgendwie ein Edelfisch ist. Zumindest wenn er es ins Restaurant geschafft hat. Wie zum Beispiel der stark nachgefragte Süßwasserfisch Pangasius, der gerne mal als »Seezunge« auf die Speisekarte gesetzt wird. Seezungen schmecken besser, schwimmen im Meer und kosten zehnmal so viel wie der fade Pangasius. Spezialitäten »aus der Region« erfreuen sich gleichfalls großer Beliebtheit. Muss ja nicht jeder wissen, dass »die Region« irgendwo in Afrika liegt. Sekt und erst recht Champagner werden gerne durch die Beigabe von Zucker zum Perlen gebracht. Wie überhaupt auf die ehrlichen Grundstoffe wie Zucker, Salz und Brühwürfel gerne zurückgegriffen wird. Denn die kosten wenig und wirken viel, wenn man weiß, wie man sie einsetzen muss.

Lokale mit umfangreicher Speisekarte stehen vor besonderen Herausforderungen. So viele Gäste können gar nicht kommen, dass immer alle Gerichte bestellt werden. Die Lokale müssten Tag für Tag Unmengen von Lebensmitteln wegwerfen. Was tun? Entweder setzen sie auf langlebige Nahrungsmittel, die auch im nächsten Jahrtausend noch die Gäste begeistern. Oder sie zaubern aus ihren fünf Rohstoffen 107 Gerichte. Je nachdem, was sie zusammenrühren, ob sie das Ganze braten, dünsten, frittieren, als Salat anrichten oder in den Lehmofen schieben. Die meisten dürften auf eine Kombination von beiden Methoden setzen. Und du bist von den Socken, wie lecker das wieder schmeckt.

## Warum dich deine Diät fett macht

Du willst abnehmen? Schlank werden? Wieder mal? Eine Bikinifigur bekommen oder wenigstens eine, mit der du dich in einen dieser Schlankmacher-Badeanzüge zwängen könntest, die im TV-Shoppingkanal angeboten werden? Oder als Mann würdest du gerne diese Wölbung in Gürtelhöhe loswerden, die dir zunehmend die freie Sicht auf deine Füße versperrt. Oder dein Bauch wächst nach oben aus der Badehose raus, die ihn nicht mehr fassen kann und sich ausschließlich um die unteren Regionen kümmert.

Gar kein Problem, dann machst du halt eine Diät. So eine Diät ist ja genau für diesen Zweck entwickelt worden: dass Leute von ihrem »Hüftgold«, ihren »Rettungsringen«, ihren »überflüssigen Pfunden« runterkommen, wie man so sagt. Und wenn du dich umhörst: Alle möglichen Leute machen heute eine Diät. Frauen und Männer, Junge und Alte, Große und Kleine, Dicke und Dünne. Ganz richtig, es sind immer auch ein paar Dünne dabei. Die halten Diät, weil sie fest davon überzeugt sind: Würden sie zu ihren normalen Essgewohnheiten zurückkehren, dann würden sie eine Kugelgestalt annehmen. Dabei ist es doch geradewegs andersherum: Die Kugelgestalten sind eben nicht die Leute mit den normalen Essgewohnheiten, sondern diejenigen, die irgendwann in diesen ganzen Diätwahnsinn hineingeraten sind.

Das Problem ist nämlich: Eine Diät macht dich auf Dauer gesehen gar nicht schlanker, sondern dicker. Aber das merkst du erst, wenn es zu spät ist. Das Unglück fängt damit an, dass es nicht eine Diät gibt, sondern unzählige, die sich auch noch gegenseitig bekriegen: Trennkost, Low Fat, Low Carb, Flexi Carb, Fatburner, die hCG-Diät, die Steinzeitdiät, die mediterrane Diät, die Montignac-Methode, die Detox-Diät, die Glyx-Diät, die Fastenwoche: fünf Tage essen, zwei Tage fasten, die 17-Tage-Diät, die 90-Tage-Diät, die 2-Tage-Diät, die 24-Stunden-Diät, die Hollywood-Diät, die Bulletproof-Diät, die Logi-Methode, Abnehmen mit Kokosöl, Tropendiät, Schlank im Schlaf, die Uhr-Diät, die Blutgruppen-Diät, die Nebenbei-Diät und viele, viele mehr. Die einen sagen dir: möglichst wenig Fett und Eiweiß. Die anderen sagen dir: möglichst viel Fett und Eiweiß. Die einen verordnen dir Knäckebrot und Magerquark, die anderen lassen dich futtern, was du willst. Bei der einen Methode musst du hungern, bei der anderen sollst du satt werden. Die einen verbieten dir dieses, die anderen jenes. Doch so unterschiedlich die ganzen Diätmethoden sind, eines haben sie gemeinsam: Früher oder später nimmst du wieder zu.

Nehmen wir nur mal die »Hollywood-Diät«, ein Klassiker aus den 1920er-Jahren. Für mich klingt die Sache völlig überzeugend. Sie hat mit Enzymen, Eiweißen, Kohlehydraten und Fetten zu tun. Was da vor sich geht – keine Ahnung, das habe ich schon wieder vergessen. Mir genügt es, wenn die Ernährungswissenschaftler mit diesen Begriffen um sich werfen und dann ihre Ratschläge geben, die irgendwie einleuchtend klingen. Ich meine, so läuft es doch immer. Die Experten können uns doch jeden Scheiß erzählen, ohne dass wir viel dagegen sagen können. Und so suchen wir uns die Diät heraus, die uns persönlich irgendwie zusagt. Wir sind der Meinung: Die anderen Experten sind gekauft und reden Müll. Es gibt zum Beispiel eine Diät, die empfiehlt dir, dich zu ernähren wie die französischen Frauen. Du darfst alles essen, was dir Genuss bereitet. Und zwar über den ganzen Tag. Aber immer nur in winzigen Portiönchen. Das klingt doch auch einleuchtend und erklärt vollkommen, warum diese Französinnen einfach nicht dick werden. Zumindest die Französinnen nicht, die wir im Kopf haben.

Bei der Hollywood-Diät ist das Programm ein bisschen anders: Meerestiere, Salate, mageres Fleisch, Gemüse und tropische Früchte darfst du essen. Wurstbrot, fettes Schnitzel, Fritten in ranzigem Öl – Finger weg! Ich finde, so richtig überraschend klingt das nicht. Der eigentliche Clou kommt aber noch: Der Name Hollywood-Diät geht darauf zurück, dass damals die Leinwandstars diesem Ernährungsprogramm gefolgt sein sollen, um bei den Dreharbeiten eine gute Figur zu machen. Ob das stimmt, ist eigentlich egal. Auf jeden Fall darf man Hummer und Shrimps essen und Austern schlürfen. Und die tropischen Früchte wie Ananas waren damals so teuer, dass man sich als armer Fettkloß abseits von Hollywood gar nicht so viel davon leisten konnte. Die Grundidee weist also schon mal in eine vielversprechende Richtung: Nur die teuersten Sachen kommen auf den Speiseplan. Dann hast du zwar wenig zum Beißen, aber immerhin was zum Genießen. Besser als so ein Knäckebrot-Programm ist das allemal.

Und doch ist die Hollywood-Diät heute allgemein verrufen. Denn sie macht dich eher krank als schlank. Sie soll Nährstoffmangel, Gicht und Nierensteine hervorrufen. Außerdem führt sie zu dem berüchtigten »Jo-Jo-Effekt«: Wenn du zu wenig Kalorien zu dir nimmst, verlierst du erst mal an Gewicht. Doch dein Körper stellt sich um auf Hungerperiode. Wenn du irgendwann mal wieder was Vernünftiges isst, wird das sofort als Fettdepot eingelagert. Du nimmst schneller wieder zu, als du abgenommen hast. Und du bringst mehr Gewicht auf die Waage als vor der Diät. Nicht gerade das, was man sich von einer Diät erhofft. Aber häufig genug das, was du von einer Diät bekommst. Und nicht nur von der Hollywood-Diät.

Gar nicht so wenige Leute fangen mit einer Diät an, wenn sie noch gar nicht richtig dick sind. Im Vergleich zu später zumindest. Es gibt Leute, die sich irgendwann Fotos von sich selbst anschauen aus der Zeit kurz vor ihrer ersten Diät. Das, was sie da sehen, kommt ihnen vor wie ihre »Traumfigur«. Ein bisschen was hatten sie vielleicht schon auf den Rippen, aber das sah doch eigentlich ganz appetitlich aus. Damals, da war die Welt noch in Ordnung. Äußerlich wenigstens. Denn im Innern, da nagte an ihnen das schlechte Gefühl, nicht so zu sein, wie man sein soll: Uh, ich bin dick, ich bin hässlich, niemand kann mich leiden. Dieses schlechte Gefühl kommt immer wieder. Und es treibt dich in die gierigen Arme der Abnehmbranche, die dir das Blaue vom Himmel herunterverspricht: Sie machen dich gesund, glücklich und geil, sie bringen deine Hose »zum Rutschen« und deine Kleidergröße zum Schrumpfen. Nicht nur du wirst leichter, dein Leben wird es auch.

Sie erzählen dir wieder was von Enzymen, Kohlehydraten, Fetten und Eiweißen. Vielleicht auch was von Hormonen, deiner inneren Uhr oder dem Mondkalender. Meist gibt es noch eine Geschichte obendrauf wie von den Hollywood-Stars oder den schlanken Französinnen. Viele, die eine Diät machen, schnappen das alles auf und erzählen jedem, der es nicht hören will, von den Enzymen und den Französinnen.

Dabei lassen sich zwei Arten von Diät unterscheiden: Bei der einen wirst du gequält. Du bekommst wenig. Und dann darfst du auch nur das essen, was dir nicht schmeckt. Bei so einer Diät musst du leiden. Du taumelst durch den Tag und hast nur einen Gedanken im Kopf: den an Essen. Essen. Essen! Dieser Gedanke verschwindet erst wieder, wenn du dich mit Dickmachern vollstopfst. Dabei fängt es immer ganz harmlos an. Du siehst irgendwas, was du nicht essen sollst. Deine innere Stimme sagt dir: »Iss das nicht.« Da meldet sich eine zweite innere Stimme zu Wort: »Ach komm! Ein kleiner Happen. Der schadet ja wohl nicht. Aber er bringt so viel Genuss und so viel Vergnügen ...« Und schon landet das verbotene Nahrungsmittel in deinem Mund und dann im Magen. Köstlich. Du verspürst den dringenden Wunsch nach mehr. Wenn du einmal damit angefangen hast, kommt es ja sowieso nicht mehr drauf an. Du hast ja bereits »gesündigt«. Also noch rasch drei, vier Teile hinterhergeschoben. Ja, ja, ja, das ist nicht in Ordnung. Aber heute, da darfst du das schon mal. Denn ab morgen, da setzt du deine Diät so was von konsequent um ... Vielleicht fängst du morgen überhaupt erst damit an. Dann zählt heute ja sowieso nicht. Gleich noch mal was nachschieben. Denn morgen ist es vorbei, das süße Leben ...

Wenn du es schaffst, dich zu beherrschen, wirst du belohnt. Du stellst dich auf die Waage, und dort erscheint eine Zahl, die niedriger ist als das letzte Mal. Das kann ja nur eines heißen: Du hast abgenommen! Manche werden dadurch regelrecht euphorisch. Ich zieh das jetzt durch, sagen sie sich, ich hungere mich jetzt auf mein Idealgewicht runter! Und gar nicht so wenige schaffen das auch. Siehst du: Geht doch. Allerdings steht dir dann die schwierigste Aufgabe noch bevor: dein Gewicht zu halten. Es gibt nämlich immer ein Leben nach der freudlosen Diät. Und da geht es wieder aufwärts – mit dem Gewicht. Oder glaubst du ernsthaft, du bist plötzlich zum Salatblatt-Fan geworden? Nein, du willst dich jetzt erst mal belohnen. Und was wäre dafür geeigneter als so ein richtig leckeres Essen?

Und schon trittst du eine Reise an, die dich über dein altes Gewicht hinaus in eine neue Superschwergewichtsklasse führt. Und deshalb gibt es noch eine zweite Art von Diät. Weil sich herumgesprochen hat, dass diese ganze Quälerei alles nur noch schlimmer macht, fahren andere das Gegenprogramm. Du darfst essen, was du willst. Du darfst essen, so viel du willst. Du darfst auf dem Sofa liegen bleiben. Sport und Bewegung müssen nicht sein. Schlaf lieber noch eine Runde. Dass mit dieser Diät irgendwas nicht stimmt, merkst du spätestens, wenn dein Fernsehsessel unter deinem Gewicht zusammenbricht. Und dann wird es dringend Zeit für eine richtig brutale Diät! Mit Fasten und Fitness, mit Wasser und Weizenkleie. Dann heißt es: Ab ins »Bikini-Bootcamp«! Folter dich schlank!

Das ist überhaupt das Fürchterlichste an diesem Diät-Wahnsinn: Er ist niemals zu Ende. Wenn du irgendetwas ausprobierst und die Sache geht schief, dann lässt du in Zukunft die Finger davon. Nicht so bei einer Diät. Wenn die eine dich fett gemacht hat, dann gibt es noch 1 000 andere, die du auch noch ausprobieren kannst. Immer kommt ein neuer Diätexperte daher und erklärt dir, warum deine alte Diät versagen musste. Doch es gibt jetzt eine neue Methode, die dich aber wirklich schlank macht und sexy. Und zwar für immer.

## Warum dich Süßstoff noch fetter macht

Nimmst du Süßstoff? Warum? Willst du abnehmen? Oder zunehmen? Oder magst du künstliche Nahrungsmittel einfach lieber als dieses natürliche Zeug, das heutzutage überall angepriesen wird und das deshalb schon mal verdächtig ist? Immerhin wird Zucker ja aus Pflanzen gewonnen, Zuckerrohr oder Rübe. Die werden so lange bearbeitet, bis dieses weiße Streugut herauskommt, das sich überall untermischen lässt, um alle möglichen Nahrungsmittel süß und ungesund zu machen. Jeder weiß, dass zu viel Zucker nicht gut ist, dass er unsere Zähne ruiniert, unsere Sehkraft schwächt, Pickel macht und unser Gewicht in die Höhe treibt. Aber Menschen mögen nun mal Süßes, und deshalb versuchen die Hersteller von Lebensmitteln zu verschleiern, wie viel Zucker in ihren Produkten steckt. Köche machen das übrigens auch. Ich habe mal einen Kochkurs besucht. Leichte asiatische Küche oder so was in der Art. Am Ende gab uns der Kursleiter noch den guten Tipp: Wenn ihr euer Thai-Curry so richtig lecker machen wollt, dann haut am Ende noch anständig Zucker dazu. Das machen diese Thai-Köche nämlich auch. Durch die höllische Schärfe merkt das keiner, und alle denken nur: Das schmeckt aber super.

Da könnte man denken: Süßstoff wäre doch eine gute Ausweichmöglichkeit. Wenn er nicht so eklig schmecken würde. So künstlich, mit einer irgendwie bitteren Note im Nachgeschmack. Es hat natürlich seinen Grund, dass die cleveren Köche heimlich Zucker in das Essen schaufeln und nicht Süßstoff. Ich glaube, wir können uns darauf einigen: Zucker schmeckt besser als Süßstoff.

Trotzdem greifen gar nicht so wenige Leute zum Süßstoff. Vor allem tun sie den in ihren Kaffee oder sie kaufen diese fürchterlichen Softdrinks, in denen sonst ein Kilo Zucker steckt, in einer sogenannten Light-Version. Also mit jeder Menge Süßstoff drin. Sie machen das fast immer, weil sie abnehmen wollen oder fit bleiben. Beides kannst du vergessen, wenn du dich mit Süßstoff zuschaufelst. Fit wirst du dadurch nicht. Und schlank noch viel weniger.

Aber Süßstoff enthält doch keine Kalorien, denkst du vielleicht. Wie soll er dich da dick machen? Hör zu, er macht es auf die hinterhältigste Weise. Und deswegen muss der Süßstoff auch in dieses Buch. Wenn du nämlich etwas Süßes zu dir nimmst, dann freut sich dein Körper erst mal: »Ah, jetzt gibt es Kalorien satt.« Das ist eine alte Angewohnheit aus der Zeit, als wir unsere Nahrungsmittel noch eigenhändig jagen, pflücken oder aufsammeln mussten. Und da kam häufig nicht so viel an Kalorien zusammen. Zumindest nicht regelmäßig. Daher versucht unser Körper, so viel wie möglich aufzunehmen, wenn Mangel herrscht. Das hatten wir ja eben schon gesehen, beim Jo-Jo-Effekt. Beim Süßstoff ist es so ähnlich: Wir schmecken etwas Süßes. Das ist das Signal für viele Kalorien. Jetzt gibt es aber null Kalorien. Und das irritiert unseren Körper. Ja, es alarmiert ihn. Wenn nicht mal mehr die Süßigkeiten Kalorien haben, dann musst du mehr essen. Und du musst deine Futterverwertung umstellen. Alle Nahrungsmittel, die du nach so einer Süßstoff-Kur zu dir nimmst, schlagen dir jetzt doppelt und dreifach auf die Hüften. Dein Körper will dich vor einer drohenden Hungersnot schützen und legt in diesen Zeiten, in denen nicht mal Süßes Kalorien enthält, Reserven an. Fettreserven.

So oder so ähnlich lautet die Erklärung, warum Süßstoff dich dick macht. Er sorgt erst dafür, dass du ansetzt und in neue Gewichtsklassen vorstößt. Aber das kann doch nicht sein, denkst du vielleicht. Die Leute kaufen doch massenhaft Süßstoff und Zuckerersatzstoffe, um schlank zu werden. Wenn das alles das Gegenteil bewirken würde, die Leute hätten es doch längst gemerkt und ihren Süßstoff in der Tonne versenkt. Oder? Das hätten sie doch bestimmt getan. Meinst du nicht?

Da wäre ich mir nicht so sicher. Zuckerfreunde und Süßstoffgegner erzählen einem immer wieder: Süßstoff wird in der Tiermast eingesetzt. Vor allem bei Ferkeln. Und ich könnte mir vorstellen, dass dies nicht etwa geschieht, damit sie zum Zeitpunkt der Schlachtung die perfekte Bikinifigur haben.

# Warum alle Lebensmittel schädlich sind

Es ist noch gar nicht so lange her, da war Milchtrinken noch in Ordnung. Ja, es wurde uns eingehämmert: Milch ist gesund. Milch ist gut für die Knochen und macht dich stark. Trink lieber Milch als Bier und Limo. So zweifelhafte Produkte wie die Milchschnitte nutzten das gute Image der Milch, um ihre Kalorienbomben auf ahnungslose Eltern abzuwerfen, die meinten: Wenn da Milch draufsteht, dann ist das gut für Kinder. Aber jetzt hacken alle möglichen Leute auf der Milch herum. Sie macht dich krank, fett und müde. Wer Milch trinkt, ist anfällig für Diabetes oder Krebs, sagen die Milchfeinde. Außerdem bekommst du schneller Pickel. Und Cellulite! War sonst noch was? Ach ja, natürlich Alzheimer. Nicht zu vergessen. Heute haben ja alle Angst vor Alzheimer und Demenz. Da darf so ein kleiner Warnhinweis natürlich nicht fehlen.

Die Leute mögen so was: Je dramatischer die Folgen ausgemalt werden, umso reißender der Absatz der Bücher, die davor warnen. Es gibt auch Kochkurse, in denen du lernst, ohne diese furchtbaren Lebensmittel auszukommen, die du dir früher mit Genuss einverleibt hast. Nimm nur mal Weizen. Früher konntest du dieses Getreide ohne Bedenken essen. Baguette, Ciabatta, Toast, Semmeln, überhaupt Weißbrot, und auch Zwieback ist aus Weizen gemacht. Und richtige Spaghetti bestehen »aus 100 % Hartweizen« und sind nicht mit albernen Eiern verfälscht worden. Weizen ist ein Grundnahrungsmittel. Seit ungefähr 8 000 Jahren. Die Menschheit verdrückt heute eine Milliarde Tonnen Weizen pro Jahr. Da sollte man meinen: Da kann doch nicht mehr viel passieren. Doch Weizen soll jetzt mit einem Mal richtig gefährlich sein. Noch gefährlicher als Milch. Weizen macht dich fett, stört den Muskelaufbau, greift deine Gelenke an, schwächt das Immunsystem und lässt dich langsam verblöden – behaupten die Weizengegner, die jede Menge Zulauf haben. Bücher wie *Weizenwampe* und *Dumm wie Brot: Wie Weizen schleichend Ihr Gehirn zerstört* stehen auf den Bestsellerlisten ganz oben. Endlich haben wir eine Erklärung dafür, warum die Menschheit immer fetter und immer dümmer wird. Es muss einfach am Weizen liegen. Oder am Roggen. Der ist nämlich auch nicht viel besser, habe ich schon gehört. Dabei dachte man früher doch, die »Körnerfresser« wären besonders gesunde Leute.

Aber es wird auch vor anderen Lebensmitteln gewarnt. Fleisch ist schon seit Langem verdächtig. Rotes Fleisch ganz besonders, das heißt vor allem Rindfleisch. Es gibt Leute, die meiden das rote und essen nur weißes Fleisch, also Geflügel. Weil sie das für gesünder und nicht so krebserregend halten. Eine Zeit lang ging bei uns der Konsum von rotem Fleisch nach unten und der von weißem Fleisch nach oben. So was hat häufig bedenkliche Folgen. Und tatsächlich merkten die Leute mit einem Mal: Das vermeintlich gesunde Hühnerfleisch ist ja genauso verseucht wie das der anderen Nutztiere. Hühner, das sind doch diese Viecher, die in winzigen Ställen gehalten werden. Die einen müssen Eier legen, bis sie von der Stange fallen, die anderen werden gemästet und mit Antibiotika vollgepumpt, bis sie schlachtreif sind und gleichfalls von der Stange fallen. Das moderne Industriehuhn ist ein Wesen, das ungefähr so natürlich ist wie Frankensteins Monster. So was wollen viele Menschen heute nicht mehr essen.

Nimmst du halt Fisch. Der steht noch immer im Ruf, sehr gesund zu sein. Werden nicht die Japaner so steinalt? Und essen die nicht am meisten Fisch von allen? Das kann schon sein. Aber schädlich ist Fisch trotzdem. Er ist belastet mit Quecksilber und vielen anderen Giften, die im Meer, in den Seen und den Flüssen herumschwimmen. Unsere Ozeane sind die reinsten Müllkippen. Darin schwimmen mehr Plastikteile herum als Fische. Doch noch schlechter als den frei lebenden Fischen ergeht es denen, die in Aquakulturen gehalten werden. Zuchtlachs halten manche für das »giftigste Lebensmittel überhaupt«.

Dann also lieber ganz Schluss machen mit dem Verzehr von Tieren, wenn die so stark belastet sind. Vegetarier werden wie so viele. Oder besser gleich Veganer. Da stehst du moralisch auf der richtigen Seite, nämlich auf der Seite der Tiere. Viele sind auch überzeugt, dass es gesünder ist, sich vegan zu ernähren. Doch ob das wirklich eine so gute Idee ist, alle Nahrungsmittel vom Speiseplan zu streichen, bei denen irgendwelche Tiere ihre Pfoten im Spiel hatten? Für eine gesunde Ernährung reicht es ja nicht, die Stoffe zu meiden, die dir schaden. Der Witz beim Essen ist ja, dass du dir Substanzen zuführst, die deinem Körper guttun, ja, die er unbedingt braucht. So stecken in Fisch und Fleisch manche Nährstoffe, die du aus Obst und Gemüse einfach nicht rausbekommst. Dazu gehören Vitamin B12 und Kreatin. Wenn du zu wenig davon bekommst, kann dir das auf Herz und Hirn schlagen. Anders gesagt, du kannst genauso krank und blöd werden wie so ein Typ mit »Weizenwampe«.

Du musst dich einfach damit abfinden: Alle Lebensmittel sind irgendwie verseucht oder schädlich. Wenn du zu viel von ihnen isst. Oder zu wenig. Am Ende kommst du am besten davon, wenn du diese ganzen Warnhinweise nicht allzu ernst nimmst. Denn sie machen vor allem diejenigen gesund, die sie sich ausgedacht haben, um ihre Bücher, Kochkurse und Ersatzmittelchen unter die Leute zu bringen.

# Verarscht im Internet

Wenn du den Eindruck hast, dass du heute nur noch verarscht wirst, dann liegt das bestimmt auch am Internet. Dabei tun immer alle so, als wäre das Internet eine ganz feine Sache. Du kannst bestellen, was du willst – auch und gerade die Dinge, die in deinem Land verboten sind. Und das Wissen der Welt ist jetzt für alle zugänglich, sämtliche Informationen liegen direkt »unter unseren Fingerkuppen«, wie man uns in den 1990er-Jahren einreden wollte. Informationen? Wissen? Fingerkuppen? Wovon reden die bloß? Die Leute posten im Internet dumme Witze, schauen sich Katzenvideos an, verwackelte Filme von Leuten, die sich auf die Fresse legen. Und natürlich Pornos. Wenn man den Fachleuten glauben will, haben die Deutschen noch nie so viel Sex gesehen wie im 21. Jahrhundert. Kein Wunder, dass so viele alteingesessene Sexshops dichtmachen müssen und rund um den Hauptbahnhof das große Kinosterben eingesetzt hat. Dem Internet sei Dank kennt heute jeder Elfjährige mehr abgründige Praktiken als in früheren Zeiten ein erfahrener Sexualtherapeut. Und das, obwohl die einschlägigen Seiten mit einer »Alterskontrolle« geschützt sind. Bevor er sich die Filmchen anschauen kann, muss dein elfjähriger Sohn bestätigen, dass er bereits volljährig ist. Und lügen wird er doch nicht, dein Sohn. Nicht im Internet. *Never ever.*

So viel zur harmlosen Seite des Internets. Was mich viel mehr beunruhigt: Im Netz treiben sich die seltsamsten Typen herum. Sie gehen windigen Geschäften nach, versuchen, ihre randständigen politischen Ansichten unter die Leute zu bringen, deine Bankverbindung und deine Geheimzahlen abzugreifen oder einen Partner fürs Leben zu finden. Angeblich beginnt jetzt schon jede dritte Beziehung online: Beim Chatten, in irgendwelchen Internetforen oder in einer der zahllo- sen Singlebörsen, die sich vor allem bei verheirateten Män- nern großer Beliebtheit erfreuen sollen, die ihren Ehefrauen vormachen, an irgendwelchen Killerspielen teilzunehmen.

Jede dritte Beziehung? Seriöse Statistiker setzen die Zahl ein bisschen niedriger an. Bei zwei bis drei Prozent, also jede fünfzigste Beziehung ist betroffen. Zumindest sind das die Leute, die zugeben, dass sie die Person an ihrer Seite aus der Datenbank einer Partnerbörse ausgewählt haben. Nicht vie- le, aber ihre Zahl steigt an, sagt die Statistik. Und das wollen wir gerne glauben. In manche Menschen verliebt man sich halt leichter, solange man ihnen noch nicht persönlich be- gegnet ist.

Vielleicht hat der Anstieg aber auch damit zu tun, dass mehr und mehr Leute gar nicht mehr offline sind. Du kannst sie nur noch online kennenlernen – und erlebst dann die eine oder andere Überraschung: 30-Jährige sind plötzlich 50 Jah- re alt, fühlen sich aber eben wie 30. Es ist ein Drama: Der 30-Jährige, gefangen im Körper eines 50-Jährigen. Auch die beruflichen Informationen sind mit Vorsicht zu genießen: Vermeintliche Unternehmensberater arbeiten als Aushilfe an der Tankstelle. Und der dunkelhaarige Typ, der sich als »letz- ter Romantiker« bei dir eingeschleimt hat, entpuppt sich als sexbesessener Schluckspecht. Aber auch Frauen sollen es mit der Wahrheit nicht immer ganz genau nehmen, berichten Kenner. Viele schummeln beim Alter, beim Aussehen, bei der Kleidergröße. Andere verschweigen, dass sie nur in der Kar- tei sind, um den Frauenanteil in die Höhe zu treiben. Manche von ihnen bekommen sogar ein kleines Honorar, wenn es ihnen gelingt, die frauensuchenden Männer möglichst lan- ge als zahlende Mitglieder zu halten. Die geplanten Treffen müssen sie immer wieder verschieben oder ganz platzen las- sen. Und dann gibt es natürlich noch die Frauen, die in Wahrheit Männer sind. Zyniker behaupten: Das sind die einzigen echten Kerle in der Datenbank.

Aber auch sonst wird im Internet gelogen, dass die Balken brechen. Das ist nicht schön. Doch fast noch schlimmer ist es, wenn die Leute im Internet hemmungslos ehrlich sind. Häufig geben sie sich irgendwelche originellen Fantasienamen wie »Knochenbrecher 08/15«, »Bibi Blocksberg« oder »Besorgter Bürger«. Und dann kommentieren sie irgendwelche YouTube-Videos, Facebook-Einträge oder Artikel auf Spiegel-Online, dass dir das Grauen kommt. Du fragst dich: Sind das echte Menschen – wie du und ich? Oder stecken irgendwelche fiesen Chat-Bots dahinter, Computerprogramme, die automatisch vorgefertigte Textbausteine raushauen? Textbausteine voller Hass oder solche, in denen das Wort »ficken« in allen möglichen Kombinationen vorkommt? Es gibt nur eine Möglichkeit herauszufinden, ob die Mitteilung von einem Menschen oder einer Maschine stammt: Achte auf Rechtschreibfehler. Die Computerprogramme haben es immer noch nicht geschafft, in einem so kurzen Text so viele Rechtschreibfehler unterzubringen wie ein »Besorgter Bürger«.

## Warum du beim Online-Shopping jedes Mal die Hosen runterlässt

Die Leute bestellen immer mehr im Internet: Bücher, Bohrmaschinen, Computer, Kameras, Kühlschränke und Kleidung. Tolle Sache, die normalen Läden, in die du hineingehen kannst, sind nur noch dazu da, dass sich die Sparfüchse ansehen können, wie die Produkte in Wirklichkeit aussehen, die sie dann billiger online kaufen. Vielleicht treffen sie sogar noch auf einen Verkäufer, der ihnen die Sache gerne vorführt. Das geht allerdings nicht lange gut, weil die normalen Läden, in die du hineingehen kannst, alle pleitegehen. Und die Verkäufer, die können alle umschulen auf Paketbote. Bis die Paketboten wiederum alle ersetzt werden durch Drohnen. Und die Paketboten umschulen müssen auf Chefarzt, Scheidungsanwalt oder Investmentbanker.

Das Online-Shopping ist immer komfortabler geworden – vor allem für die Inhaber dieser Shops. Sie wissen immer mehr über dich. Und was sie noch nicht wissen, das bekommen sie auch noch raus. Stell dir einen Laden vor, der bis in den hintersten Winkel vollgestellt ist mit Überwachungskameras. Jede deiner Bewegungen wird aufgezeichnet. Greifst du in das Fach mit den Sportsocken, bleibt das nicht unbemerkt. Legst du die Socken wieder weg, wird das ebenfalls festgehalten. Wo du dich umschaust, wie lange du dich dort aufhältst, all das sind Informationen, die der Laden sammelt. Was immer du dort gekauft hast, es wird dir anhängen bis ans Ende deiner Tage. Und wenn du das nächste Mal wiederkommst, dann haben sie den Laden für dich so umgebaut, dass dir gleich die Produkte ins Auge fallen, die du das letzte Mal gekauft hast. Außerdem schicken sie dir jetzt jede Woche ihren Prospekt und anderen Werbemüll zu, damit du immer auf dem Laufenden bleibst und dir kein attraktives Angebot entgeht. Würdest du gerne in so einem Laden einkaufen? Ich nicht.

Aber nach diesem Prinzip arbeiten viele Online-Shops. Jeder Klick wird aufgezeichnet, um das Angebot zu »optimieren«, also noch mehr Zeug loszuschlagen. Einige Shops verdonnern dich gleich noch dazu, Mitglied im Kundenclub zu werden. Du musst ein »Kundenkonto« eröffnen und ein »Passwort« festlegen. Damit wirklich niemand anders an deinen Bestellungen herumpfuschen kann und womöglich irgendwelche Rabattgutscheine oder Bonuspunkte abräumt. Der Gedanke ist natürlich, dass du jetzt dazugehörst mit deinem Kundenkonto. Und diesen Laden nie wieder vollkommen verlässt.

Viele Online-Shops werben ja damit, dass sie »24 Stunden am Tag geöffnet« sind. Das ist doch eine feine Sache, denkst du. Doch das heißt eben auch, dass sie 24 Stunden am Tag hinter dir her sind. Du öffnest deinen E-Mail-Account und findest einen Newsletter in deinem Posteingang. Du liest irgendeine Online-Zeitung, und am Rand blinken die Werbebanner all der Online-Shops, bei denen du irgendwann mal was bestellt hast oder auf deren Seite du nur mal gelandet bist. Stell dir vor, du würdest jeden Tag von deinem Bäcker, deinem Metzger oder deinem Gemüsehändler daran erinnert: »Zeit, mal wieder einzukaufen! Heute gibt es günstig Aubergine. Die essen Sie doch so gern.« Oder besser noch: »Kunden, die die Lammschulter kauften, kauften auch: grobe Bauernmettwurst, Geflügelleberpastete, Bio-Rinderhack.« Vielleicht würden sie auch schon fertige Tüten für dich bereithalten, in die sie all das reingepackt haben, was du so gerne magst.

Das ist doch alles superkomfortabel, findest du nicht? Du sparst jede Menge Zeit und auch ein wenig Geld. Denn dein Online-Händler kann immer ein bisschen billiger sein als die normalen Läden, die für ihre Verkaufsräume dummerweise Miete bezahlen müssen. Und wenn du dich jetzt noch über dein Facebook-Profil anmeldest und deine Handynummer rausrückst, dann bekommst du glatt noch einen Einkaufsgutschein spendiert. Denn dann haben sie alle deine Daten beisammen: deinen Wohnort, deine Ausbildung, deine Hobbys, deine Freunde. Ob du Kinder hast, eine Fernbeziehung führst, wie oft du in den Urlaub fährst und wohin. Das alles weiß dein Online-Händler. Und vielleicht wissen es auch noch andere. Keine Ahnung. Diese Online-Händler handeln ja manchmal nicht nur mit dem Zeug, das du bei ihnen bestellst, sondern auch mit deinen Daten.

Ehe du auf falsche Gedanken kommst: Natürlich geht es dabei nicht um dich. Also, um dich persönlich. Dich spioniert niemand aus. Dich wird niemand verpetzen. Ob du in deinem Keller verstörenden Hobbys nachgehst oder für den finnischen Geheimdienst arbeitest, ist deinem Online-Händler völlig egal. Der will nur deine Daten. Und die Daten von vielen, vielen anderen Menschen, die auf seiner Homepage landen. Denn das hilft ihm, sein Angebot so zu stricken, dass Leute wie du möglichst viel bei ihm einkaufen. Am Ende will dein Online-Händler nämlich nur das, was dich für ihn so unwiderstehlich macht: dein Geld.

## Warum immer die falschen Mails in deinem Spam-Ordner landen

Ich weiß auch nicht, woran es liegt, aber irgendetwas stimmt mit meinem Spam-Ordner nicht. Eigentlich sollen da ja alle unerwünschten, aufdringlichen, dümmlichen Werbemails landen. Spam eben. Mails, die dich dazu bringen sollen, dass du deine Kontonummer preisgibst oder die Daten deiner Kreditkarte ausposaunst. Mails, die dir eine beachtliche »Penisverlängerung« versprechen – sogar wenn du eine Frau bist. Mails, die dich unter einem Vorwand auf eine Seite locken, von der aus dein Computer mit Viren und Schadprogrammen geflutet wird. Verarschungsmails.

Außerdem kannst du jeden Absender, der dir nicht gefällt, sperren lassen. Egal, ob es sich um den Newsletter von einem Online-Shop handelt oder um Nachrichten von nervtötenden Kollegen und Familienangehörigen. Ja, sogar deinen Chef könntest du »sperren lassen«, wenn du das wolltest. All seine Mitteilungen würden dann im »Spam-Ordner« landen. Und du hättest deine Ruhe.

Aber ehrlich gesagt, funktioniert das bei mir nicht richtig. Das fängt damit an, dass ausgerechnet die nervigsten Mails immer noch durchkommen. Das sind nicht die klassischen

Spam-Mails, sondern irgendwelche Werbebotschaften, die uns offenbar um jeden Preis erreichen sollen. Wie du Heizkosten sparen kannst, wie du mit Vitamindrinks ein Leben lang gesund bleibst, wohin du als Nächstes reisen sollst. Und welche Seminare es gibt, mit denen du zur »Umsatzmaschine« wirst. Solche Sachen. Wenn du dann den Absender »sperrst«, nimmst du an, dass seine künftigen Mails alle im Spam-Ordner landen. Doch das ist nicht so. Und warum nicht? Weil der Absender so schlau ist, seine Adresse jedes Mal zu ändern. Sperrst du heute »Robert, den Umsatzprofi«, bekommst du morgen Post von »Roberts Profitipps für mehr Umsatz«, und übermorgen schreibt dir »Roberts Umsatz-Academy«. Später gibt es noch »Roberts Powerletter für alle, die mehr Umsatz wollen« und »Roberts Umsatz-University«. Irgendwann sind die 30 Mail-Adressen, die du sperren kannst, komplett von Robert und anderen Schwachköpfen verbraucht, die auf die gleiche Methode gekommen sind, den »Spamfilter« zu knacken. Und der Weg ist frei für Roberts »Erfolgsnews« und ähnliche papierkorbtaugliche »Profitipps«.

Ich habe keine Ahnung, welche Absichten Robert und seine Freunde mit dieser Müllmail-Offensive verfolgen. Vielleicht setzen sie auf den Zermürbungseffekt: Wenn du den tausendsten »Powerletter« von Robert bekommen hast, gibst du auf und fängst endlich an, diesen Stuss zu lesen. Du folgst seinen Tipps, kaufst seine DVDs, belegst Seminare, um genauso eine »Umsatzmaschine« zu werden wie Robert. Und ja, ich gebe es zu, ich bin auf ihn reingefallen. Ich habe bereits damit angefangen, seinen lächerlichen »Powerletter« zu lesen. Ich bin schuldig, ich habe es getan. Nicht um so zu werden wie Robert. Sondern um diesen höchst unwahrscheinlichen Fall vollkommen auszuschließen.

Am Ende jeder Mail teilt mir Robert auch noch mit, dass ich seinen Werbe-Müll bekomme, weil ich »ausdrücklich darum gebeten« habe. Wie bitte?! Gebeten?! Wann?! Ich kenne diesen Typen überhaupt nicht. Außerdem kann ich mir nicht vorstellen, dass es intelligentes Leben in diesem Universum gibt, das »ausdrücklich darum bittet«, Roberts Erfolgstipps zugeschickt zu bekommen. Vielleicht will er sich nur rechtlich absichern. Wenn du ihn wegen Belästigung anzeigst, dann pocht er auf diesen Satz, den er dir 1000-Mal ins Postfach gedrückt hat, ohne dass du ihm widersprochen hast. Denn der nächste Satz lautet. »Wenn Sie unsere wertvollen Erfolgstipps nicht mehr erhalten wollen, dann klicken Sie hier ...« Und dann folgt ein Link.

Natürlich war ich drauf und dran, auf diesen Link zu klicken, ja, den Cursor darauf zu setzen, abzuwarten, bis sich der Link rot verfärbt, und dann auf die Enter-Taste zu nageln, dass Robert am anderen Ende der Leitung vom Stuhl kippt, weil ihn meine Antwort direkt zwischen die Augen getroffen hat. Doch ein Bekannter von mir, der sich mit solchen Dingen auskennt, hat mir geraten: »Mach das bloß nicht. Wenn du was abbestellst, dann weiß er, dass deine Mailadresse aktiv ist.« Und dann kippt er noch mehr Spam über dir aus. Oder er verkauft deine Mailadresse an irgendwelche anderen Leute, die ihre eigenen Newsletter in die Welt streuen wollen. Du bist dann eine »überprüfte E-Mailadresse« und befindest dich vielleicht im Verzeichnis von »Deutschlands Topentscheidern«. Also darf mir Robert weiter sein Zeug schicken.

Allerdings gibt es auch den umgekehrten Fall: Mails, die wichtig sind, ja, auf die ich ungeduldig warte, landen im Spam-Ordner. Es kommt zwar nicht oft vor, aber doch oft genug, um immer wieder Ärger zu bekommen. Und deswegen schaue ich häufig als Erstes in meinen Spam-Ordner. Ob sich da nicht eine wichtige Mail verfangen hat. Und dann bleibe ich da erst mal hängen. Ich weiß nicht, wie es dir geht. Aber ich muss sagen: Einige von diesen Spam-Mails lese ich ganz gern. Wie zum Beispiel eine Nachricht mit der Betreffzeile: »Herzlichen Glückwunsch: Versand Ihres iPhones s6 64GB.« Ich weiß zwar nicht, warum sie mir das zuschicken wollen, aber die Vorstellung gefällt mir. Oder eine Mitteilung vom »Finanzamt West«, die überschrieben ist mit: »Erstattung Ihres Guthabens.« Zwar habe ich von einem »Finanzamt West« noch nie gehört, aber wir wohnen ja alle im Westen von irgendwas. Warum sollte also nicht ein »Finanzamt West« für dich zuständig sein, zumal, wenn es um eine »Erstattung« geht? Öffnest du solche Spam-Mails, dann geht es meist nur um das eine: Du sollst einen Link anklicken. Einen brandgefährlichen Link, der dich auf eine Seite führt, auf der Viren, Trojaner und andere Schadprogramme darauf warten, deine Festplatte zu kapern. Also keine gute Idee, mal eben nachzuschauen, wie du an das iPhone mit den 64 Gigabyte kommst. Weiterhin bekomme ich Spam-Post von »Gerichtsvollzieher Schreiber«, von »Annika Bauer«, die mir »Nebenjob + Firmenwagen« verspricht, wohingegen »Jessica Stich« eine »Terminsache« ankündigt, die enorm an Dringlichkeit gewinnt, weil sie schon in zwei Tagen ansteht und Frau Stich mir auch gleich eine »Kundennummer« mitteilt. Eine gewisse »Julia« geht hingegen weniger subtil vor und kommt bereits in der Betreffzeile zur Sache: »Hallo, ich bin die Julia. Hier kannst du mich nackt sehen.« Gibt es Leute, die darauf reinfallen? Die ernsthaft annehmen, ein Gerichtsvollzieher meldet sich bei ihnen per E-Mail an – und zwar ohne ihren Namen zu nennen? Die glauben, es gebe einen »Nebenjob« mit »Firmenwagen«, der vergeben wird, indem man irgendwelche Mails an Unbekannte raushaut? Von »Julia« und ihren exhibitionistischen Neigungen gar nicht zu reden ... Oh ja, solche Leute gibt es. Ganz sicher. Sonst würden nicht Milliarden dieser Spam-Mails verschickt werden. Du musst dir vorstellen: Mehr als die Hälfte aller Mails sind solche Spam-Mails, sagen die Statistiker.

Und das führt uns zu Mister Chang von der Hongkong-Bank. Mister Chang hat auf einem herrenlosen Konto einen Betrag von 62 Millionen US-Dollar entdeckt. Und nun hat er einen teuflisch guten Plan ausgeheckt. Wenn du bereit bist mitzuspielen, dann überweist dir Mr. Chang auf dein Konto mal eben die 62 Millionen. 30 Prozent davon darfst du behalten, 70 Prozent gehen zurück an Mr. Chang. Eine sichere Sache. Außerdem: Was riskierst du schon? Wenn die Sache auffliegt, dann bekommt Mr. Chang Ärger. Seinen Job bei der Hongkong-Bank, den ist er natürlich los. Vielleicht wandert er in eines dieser schrecklichen chinesischen Gefängnisse. Aber du? Du sitzt in Deutschland und kannst alles abstreiten. Im Notfall musst du die 62 Millionen eben zurückzahlen. Du sagst: Ich hab mich auch schon gewundert, wie die auf meinem Konto gelandet sind. Natürlich bist du nicht so unvorsichtig, nach Hongkong zu reisen und dich von den Chinesen schnappen zu lassen. Da soll mal Mr. Chang seinen Kopf hinhalten. Immerhin war das ja sein Plan. Und er wollte die 70 Prozent abgreifen. Nun ja, das geht in Ordnung. Er trägt das Risiko, und 20 Millionen Dollar sind ja nun auch besser als nichts. Also teilst du ihm deine persönlichen Daten mit, deine Adresse und deine Bankverbindung. Machst du natürlich nicht, schon klar. Weil du weißt: Mr. Chang ist ein Betrüger. Wie auch »Jerry Okoro«, der für die staatliche Ölgesellschaft in Nigeria arbeitet und 40 Millionen Dollar außer Landes schaffen will. Die Mails sind in einem so haarsträubenden Deutsch geschrieben, dass es dich vor Lachen zerreißt. 60 Millionen verschieben wollen, aber nicht einen fehlerfreien Satz fertigbringen. Also, Profis sind das nicht, denkst du. Dabei ist die stümperhafte Mail durchaus Absicht, sagen die Experten. Denn nur wer auf dieses Geschreibsel hereinfällt, der ist blöd genug, sich das Konto leer räumen zu lassen.

# Warum du deine Facebook-Freunde sperren solltest

Bist du »auf Facebook«? Also, ich bin schon länger dabei und habe fast 1 000 Freunde. Die meisten von denen kenne ich nicht. Aber ein Bekannter von mir, der sich mit solchen Sachen auskennt, hat mir gesagt: Du musst dich bei Facebook anmelden. Sonst kannst du dich heute begraben lassen. Und wenn du eine »Freundschaftsanfrage« bekommst, dann musst du die annehmen. Denn wenn du das nicht machst, dann sind die Leute vielleicht sauer und verbreiten irgendwelche schlimmen Dinge über dich. Was man in diesen sozialen Netzwerken halt so macht. »Shitstorm« nennen das die Profis. Und es sind schon Personen wegen ganz harmloser Sachen von einem »Shitstorm« hinweggefegt worden.

Das ist natürlich nur eine vorgeschobene Begründung. In Wirklichkeit geht es darum, dass du möglichst viele »Freunde« einsammelst. Masse statt Klasse, lautet die Devise. Jeder ist recht. Denn überleg mal: Wie würdest du jemanden einschätzen, wenn du dich mit ihm über Facebook vernetzt, und der hat fünf Freunde? Im normalen Leben kannst du dich glücklich schätzen, wenn du so viele echte Freunde hast. Aber auf Facebook: Jemand mit fünf Freunden? Nicht gerade der König des Netzwerkens, oder? Ein Sonderling, ein Außenseiter, ein Einsiedler. Du kennst ihn gerade mal drei Minuten und gehörst schon zum inneren Kreis seiner Sozialkontakte. Denn es gibt ja überhaupt nur diesen »inneren Kreis«. Oder sagen wir gleich: ein lächerliches Fünfeck. Dagegen so ein Arsch mit knapp 1 000 oder 3 000 Facebook-Freunden – da glaubst du doch automatisch: Der ist begehrt. Der hat was. Ein kompletter Idiot kann das schon mal nicht sein … Kann also nicht schaden, wenn du dich mit so jemandem vernetzt. Wenn der sooo viele Leute kennt.

Dummerweise denken aber sehr viele Leute so, die sich bei Facebook angemeldet haben und eben doch komplette Idioten sind. Ich würde sagen, 1000 komplette Idioten sind schneller beisammen, als du so ahnst. Zumal 1000 komplette Idioten, die sich bei Facebook anmelden, weil sie ein gemeinsames Ziel haben: Sie suchen dringend irgendwelche beliebigen Kontakte. Sie nehmen jeden, sogar dich und mich. Denn sie wollen bloß nicht für einen kompletten Idioten gehalten werden.

Ich weiß, dass es auch anders geht. Ich weiß, dass es Leute gibt, die sich nur mit Personen vernetzen, die sie kennen, ja, mit denen sie auch im richtigen Leben befreundet sind. Aber viele kommen da nicht zusammen. Ich meine: Wie viele Leute kennst du denn wirklich? Und mit wie vielen von denen, die du wirklich kennst, bist du befreundet? Und wenn du sie wirklich kennst und wirklich mit ihnen befreundet bist: Warum vernetzt du dich um alles in der Welt mit denen auf Facebook?! Um denen Fotos von deinem Abendessen zu schicken? Hör mal: Das sind deine Freunde!

Wenn du mich fragst, ich glaube, viele sind gar nicht freiwillig auf Facebook. Sie machen das nur, weil ihnen das jemand eingeredet hat. So wie mir. Viele machen das auch aus beruflichen Gründen. Die Leute, mit denen sie beruflich zu tun haben, sollen sie auch »auf Facebook« finden. Oder wenn sie eine neue Stelle suchen, dann schauen diejenigen, die sie einstellen sollen, oft erst mal bei Facebook nach. Und wenn sie da nichts finden, dann machen die sich schon ihre Gedanken.

Du brauchst also ein Facebook-Profil. Und du brauchst Facebook-Freunde. Und genau das ist das Fürchterliche dabei. Denn diese Facebook-Freunde sind schreckliche Nervensägen. Zumindest wenn sie etwas »posten«. Von den anderen bekommst du ja nichts mit. Die gehören zu den stummen

»Zählkandidaten«, die die Anzahl deiner Freunde in beeindruckende Höhen schrauben. Und gut ist. Aber die Leute, die dir etwas mitteilen, das sind die Problemfälle. Gegen die sollte Facebook mal schleunigst was unternehmen.

Die einen nutzen Facebook, um mächtig anzugeben. Das sind vor allem so Freiberufler wie ich. Redest du sonst mit einem Freiberufler, dann jammert er dir die Ohren voll. Dass er Tag und Nacht arbeitet und nichts verdient. Dass die Kunden nicht zahlen und er niemals Urlaub hat. Und er mit einem Bein sowieso im Gefängnis steht. Wegen der vielen Vorschriften, die niemand einhalten kann. Freiberufler auf Facebook? Komplett anderer Sound. Ihre Kunden rennen ihnen den Laden ein und schnappen über vor Begeisterung. Sie selbst freuen sich auf »spannende Projekte« und posten Bilder von sich, wie sie tiefenentspannt in irgendwelchen Luxushotels herumliegen oder vor einem Rotweinglas beim Abendessen sitzen. Dazu ein Kommentar wie zum Beispiel: »Mein Führungskräfteseminar im Hotel Imperial komplett ausgebucht.« Gekrönt wird das von der selbstzufriedenen Feststellung: »So kann es weitergehen.« Oder noch verlogener: »Ich liiiebe meinen Beruf!« Denn sie »liiieben« ihren Beruf ja nur, um den anderen mitzuteilen: Ich bin in meinem Beruf schon eine verdammt geile Sau, während ihr anderen Loser mir gerade mal den Buckel runterrutschen könnt.

Eine zweite Gruppe von Facebook-Freunden will nur mit dir befreundet sein, damit du für sie Werbung machst. Gratis. Einfach so. Ohne Gegenleistung. Du brauchst sie nicht mal zu kennen. Eine typische Facebook-Freundschaft dieser Art läuft zum Beispiel so ab: Karin stellt dir eine Freundschaftsanfrage. Karin? Kennst du die? Den Namen hast du irgendwo schon mal gehört. Karin, Karin, na ja, du bestätigst mal brav. Kaum hast du ihre Anfrage angenommen, bekommst du die Meldung: Karin hat dich »eingeladen«, Karins Kinderboutique mit »Gefällt mir« zu markieren«. Einladung? Kinderboutique? Gefällt dir? Du sollst Werbung für Karins Laden machen. Und zwar aus dem dümmsten anzunehmenden Grund: Weil ihr über Facebook befreundet seid. Wäre Karin eine langjährige Freundin von dir, hätte sich gerade mit ihrer Kinderboutique selbstständig gemacht – dann könnte man ja mal darüber reden, ob du den Daumen einfach mal nach oben reckst und behauptest: Der Laden gefällt dir. Einfach weil Karin, die gutherzige, idealistische Karin deine Unterstützung verdient hat. Und wenn sie eine Kinderboutique aufmacht, dann wird die schon mit viel Einsatz und Liebe betrieben werden. Davon musst du dich gar nicht persönlich überzeugen. Wer bist du denn, die Stiftung Warentest? Aber die »Einladung« einer frischen Facebook-Freundin, ihren Laden unbesehen zu empfehlen – das ist doch einfach nur doof und dreist.

Allerdings werden dir Karin mit ihrer Kinderboutique oder Werner mit seiner gleichfalls empfehlungsbedürftigen Wellness-Oase noch ans Herz wachsen. Wenn du erst mal Bekanntschaft mit den Angehörigen einer weiteren Gruppe geschlossen hast, die ebenfalls in den sozialen Netzwerken unterwegs ist. Das sind deine Verschwörungs-Facebook-Freunde. Die gibt es in erstaunlich großer Zahl. Manche von denen sind extrem rechts, manche sind extrem links. Bei den meisten hebt sich das aber irgendwie auf, weil sie einfach nur einen gewaltigen Hau weghaben. Die befinden sich vermutlich in der Mitte unserer Gesellschaft. Eingekreist von allen anderen fühlen sie sich besonders stark verfolgt. Von links, von rechts, von oben, von oben. Vor allem aber von denen, die in unseren unsicheren Zeiten als vernünftige, besonnene Menschen gelten. Wer heutzutage nicht mit Schaum vor dem Mund unterwegs ist, der macht sich in ihren Augen schon verdächtig. Im Dauerfeuer hauen sie obskure Blogartikel und verwackelte Videos raus, die sie mit Kommentaren versehen wie: »Unbedingt ansehen! Ehe es wieder gesperrt wird!« Du hat zwar noch nie mitbekommen, dass bei Facebook irgendetwas gesperrt wurde, außer natürlich Nacktbilder. Doch damit haben diese Leute hier nichts im Sinn. Sie erwecken den Eindruck, als säßen sie in irgendeinem Geheimbunker und bekämen von verlässlichen Informanten brisantes Material zugespielt, während draußen der Terror der Gutmenschen tobt. Schon seltsam, solche Freunde zu haben. Wieso haben die eigentlich dich als Kontakt ausgesucht? Suchen die Anschluss ans reale Leben?

Und doch gibt es Facebook-Freunde, die mir persönlich noch stärker auf den Wecker gehen. Nicht weil sie so böse und verbittert sind, sondern im Gegenteil: Die sind einfach furchtbar nett und erinnern dich jeden Tag daran, wie wundervoll es ist, hier zu sein. Die posten keine vermeintlichen Horrorvideos, sondern gutmütige Witze und kleine Kitschfilme aus aller Welt. Mit schlauen Kindern und niedlichen Katzen, Frauen im Rollstuhl, die auf einem Bindfaden über einen Abgrund fahren. Obdachlose, an denen alle vorbeigehen, ohne sie auch nur eines Blickes zu würdigen. Bis sie anfangen zu tanzen, zu singen oder mit brennenden Kettensägen zu jonglieren, dass dir Hören und Sehen vergeht. Da fragst du dich dann schon: Was bin ich eigentlich für ein jämmerlicher Sack? Ich tanze nicht, ich singe nicht, jonglieren ist schon gar nicht drin. Und statt irgendetwas Sinnvolles zu erledigen, verplempere ich meine Zeit damit, diese verlogenen Facebook-Videos zu schauen. Wieso eigentlich? Lass es doch einfach bleiben und fang an zu leben, sage ich mir. Doch das ist manchmal schwieriger, als man denkt. Denn diese Filmchen und jämmerlichen Blogbeiträge sind so gestaltet, dass du sie einfach anklicken musst. Ob du willst oder nicht. Und damit sind wir schon beim nächsten Thema.

# Warum du immer irgendeinen Müll anklicken sollst

Liest du eigentlich noch Zeitung? So auf Papier? Oder im Abo als Online-Ausgabe? Dann gehörst du den wenigen, an denen es nicht liegt, dass unsere Presse langsam, aber sicher zum Teufel geht. Wir anderen müssen uns schon schämen. Denn wir sind dummer Schnorrer, die alles abgreifen, was sie interessant finden, aber nichts dafür zahlen wollen. So was geht nie gut. Und genau das erleben wir gerade.

Dabei scheint es auf den ersten Blick geradezu paradiesisch zu sein: Du hast Zugang zu Hunderten von Zeitungen und musst nicht eine einzige davon kaufen. Du gehst einfach auf die Homepage deiner Lieblingszeitung oder lässt dir von Google oder Facebook deine Meldungen vorsortieren. Was dich interessiert, klickst du an. So einfach ist das. Und so praktisch. Denn weil das alle so machen, können die Zeitungen jetzt genau sehen, was die Leute wirklich lesen wollen. Und was sie nicht die Bohne interessiert. Artikel der ersten Sorte, die mit den hohen Klickraten, werden belohnt. Sie stehen ganz oben und werden noch auf Twitter empfohlen, damit noch mehr Leute sie anklicken. Artikel der zweiten Sorte schmieren schneller ab, als du die Zeitung zum Altpapiercontainer bringen kannst. Wer häufiger solche Texte abliefert, der kann schon mal über einen Berufswechsel nachdenken.

Wenn du mich fragst, klingt das erst mal nach einer richtig guten Sache. Weg mit dem Müll, den keiner lesen will. Wer was Interessantes zu sagen hat, der wird belohnt. Doch als Leser dieses Buchs weißt du nur zu gut, was jetzt kommt: die unvermeidliche Verarschung. Die Niederlage der Gutmütigen. Der Triumph der Bösen und der Doofen.

Es ist nämlich so: Egal, ob du eine Zeitung betreibst oder einen Blog, du verdienst nur dann etwas, wenn du auf deiner Seite Werbung schaltest *und* möglichst oft geklickt wirst. Das führt dazu, dass jeder Stuss so angekündigt wird, als würdest du hochinteressante Dinge erfahren. Du wirst nicht mehr informiert, was in dem Text steht, sodass du entscheiden kannst: Finde ich interessant oder ist nicht mein Thema. Sondern du sollst nach Möglichkeit jeden Dreck anklicken. Je mehr Klicks, desto mehr Werbung, desto mehr Kohle, desto mehr Verarschung.

Vor einiger Zeit geisterte eine Meldung durch die Presse: Irgendein obskures Forscherteam hat festgestellt, dass Laborratten, die Ingwer fressen, eine höhere Überlebensrate haben, wenn sie Krebs bekommen. Und Laborratten bekommen Krebs. Dafür sorgt schon das obskure Forscherteam. Was das für Menschen bedeutet? Keine Ahnung, sagt sogar das obskure Forscherteam. Was fängt man mit so einer Meldung an? Normale Journalisten würden sie in den Papierkorb befördern. Doch Online-Journalisten haben keinen Papierkorb, sondern Klickraten im Kopf. Bei Gesundheitsthemen sind die schon mal von Haus aus nicht schlecht. Gesundheit interessiert uns alle. Also muss man das dürftige Thema anders aufziehen und möglichst viel Spannung einbauen. Nur wie? Der einfachste Trick: Sie verraten noch nicht, worum es eigentlich geht.

Früher hätten nicht ganz so seriöse Zeitungen das Thema vielleicht so angekündigt: »Hilft Ingwer gegen Krebs?« Das Fragezeichen deutet schon darauf hin, dass alles noch sehr unsicher ist. Aber immerhin, da gibt es Forscher, die haben Ratten mit Ingwer gefüttert, um was herauszufinden? Genau, ob Ingwer bei Menschen gegen Krebs hilft. Das wissen sie noch nicht so genau. Deswegen das Fragezeichen. Nun ja, gähn. Jetzt aber der Online-Journalist. Der braucht mehr Spannung. Mehr Klicks. Also kündigt er die Meldung folgendermaßen an: »Schluss mit Bestrahlung und Chemotherapie? Ein jahrtausendealtes Gewürz hilft gegen Krebs.« Was?! Das ist ja nicht zu fassen! Sogar wenn du dir sagst: Das ist alles unseriös, ein unausgegorener Quark – du willst wissen, um *welches* Gewürz es sich handelt. Vielleicht fängst du sogar schon an zu raten: Ist es Pfeffer? Zimt? Oregano? Oder Chili? Du klickst den Artikel an – und der Autor hat sein Ziel erreicht, auch wenn du dich nach der Lektüre der Meldung verarscht fühlst.

Und so ist es eine Unart geworden, ganz banale Dinge, die man gleich mitteilen könnte, erst mal im Ungewissen zu lassen und so zu tun, als wären sie der Knüller. Was würdest du einem Freund erzählen, wenn du gestern mit deinen Arbeitskollegen noch ein Bier trinken warst? Ähm, genau das: »Ich war gestern mit meinen Arbeitskollegen noch ein Bier trinken. War ganz lustig.« Klickrate? Könntest du vergessen. Deshalb würde ein Online-Journalist die Sache ganz anders anpacken: »Diese drei Kollegen arbeiten seit einem dreiviertel Jahr zusammen. Man schätzt sich, man mag sich. Dann macht einer der drei den anderen einen ungewöhnlichen Vorschlag.« Oh mein Gott, was ist geschehen? Bordellbesuch? Raubüberfall? Drogenexzess? Du willst es wissen. Sogar wenn du schon ahnst, dass wieder eine Banalität dahintersteckt. Diesmal werden sie doch wohl nicht … Oh doch, sie haben wieder einmal eine Plattitüde zu einer Meldung aufgeblasen.

Und wer besonders geschickt ist, der bringt dich dazu, eine komplette »Bilderserie« durchzuklicken. Das ist überhaupt das Größte. Mit jedem Bild ein neuer Klick. Und jeder Klick zählt. Daher findest du heute so unendlich viele Rankings zum Durchklicken. Die zehn attraktivsten Hauptstädte, die schönsten Filmstars aller Zeiten, die besten Komiker. Die Aufgabe besteht darin, dass du solche öden Listen bis zum Ende durchklickst. Und das gelingt ihnen am ehesten, wenn sie dir einreden, dass du von den vorderen Plätzen »überrascht« sein wirst: »Einen Spitzenplatz belegt eine Metropole, die viele noch vor wenigen Jahren abgeschrieben haben.« Hm, welche kann das sein? Das willst du natürlich wissen. Egal, ob es sich der Redakteur einfach nur ausgedacht hat, dass »viele« diese Stadt schon »abgeschrieben« hatten. Mit dem Abschreiben kennen sich die Online-Journalisten ja aus. Aber das ist ein anderes Thema.

Du schaust dir drei, vier dieser Rankings an. Dann hast du begriffen, dass du hier nur für dumm verkauft wirst. Doch das hält dich nicht unbedingt davon ab, noch eine vierte, fünfte und zehnte Serie anzuklicken. Einfach weil du wissen willst: Wie haben sie es diesmal gemacht? Zum Beispiel: Ein Vater fotografiert jeden Tag seine Tochter. Vom Säuglingsalter bis sie Teenager ist. Das letzte Bild wird dir den Atem verschlagen, liest du in der Ankündigung eines Online-Magazins. Mein Gott, was ist da passiert? Ist sie krank geworden oder entstellt? Hat sie sich die Nase tätowieren lassen? Oder operieren? Ist ihr über Nacht ein Bart gewachsen oder eine furchtbare Warze? Mein Gott, sie werden doch keine Schockfotos … oder vielleicht gerade? Und was ist das für ein Vater, der seine Tochter …? Du kannst es einfach nicht abwarten. Du musst der Sache auf den Grund gehen. Du musst dir diese Serie bis zum letzten Bild anschauen. Sonst wirst du dich heute Nacht noch im Bett herumwälzen und dich fragen: Was war es bloß, was da auf dem letzten Bild zu sehen war? Nun, hast du eine Vermutung? Dann lass mal hören. Ich bin sicher, du kommst nie drauf.

Es war nämlich so: Das letzte Bild sah so ähnlich aus wie das vorletzte. Und das sah wiederum nicht viel anders aus als das vorvorletzte. Im Lauf der Jahre war aus dem süßen Baby ein ansehnlicher Teenager geworden. Es war genau das eingetreten, was man erwarten durfte. Was uns »den Atem verschlagen« sollte, war eben dieser banale, natürliche Alterungsprozess. Wenn du ein Baby siehst, hast du deine Ahnung, wie es in fünfzehn Jahren aussieht. So was aber auch!

Manche bauen ihre Überschriften so, dass du den Artikel anklickst. Denn in einigen Nachrichtenportalen erscheint die Überschrift nicht vollständig, wenn sie zu lang ist. Das kann man nutzen, um uns neugierig zu machen und mal wieder zu verladen. »Außenminister Steinmeier will Abkommen mit der Türkei nicht ...« Was?! Der ist doch sonst so diplomatisch. Und jetzt? Hat der mächtig auf den Tisch gehauen? Lässt die Türkei auflaufen? Was ist denn da los? Gleich mal lesen ... Du klickst den Artikel an. Und die Überschrift verrät die dröge Wahrheit: Der Außenminister will das Abkommen nicht »verloren geben«.

## Warum du bei jeder Internetauktion zu viel hinblätterst

Es muss Anfang der Nullerjahre gewesen sein, da ist die Sache aufgekommen: Wer seinen Keller ausgeräumt hat, der stellte das Zeug, das er nicht mehr gebrauchen konnte, bei eBay ein. Oder bei irgendeiner anderen Auktionsplattform, die dann später von eBay aufgekauft wurde. Eine tolle Sache und eine echte Alternative zum Sperrmüll. Man bekam sogar noch Geld für das letzte Gerümpel. Man musste es nur vorteilhaft fotografieren und einen möglichst ansprechenden Text dazu formulieren. Zum Beispiel, dass es sich um ein »Sammlerstück« handelt oder dass es früher Dirk Nowitzki oder dem Papst gehört hat. Dann konnte die Auktion beginnen. Man musste ein Mindestgebot festlegen und den Zeitpunkt, an dem die Auktion vorbei war.

Auf diese Weise kamen viele Dinge wieder unter die Leute, von denen du gedacht hättest: Wegwerfen lohnt nicht, das ist mir zu anstrengend. Tatsächlich soll der erste Artikel, der über eBay versteigert wurde, ein kaputter Laserpointer gewesen sein. Der ging immerhin für knapp 15 Dollar weg. Wie es heißt, soll der Gründer von eBay damals ein etwas mulmiges Gefühl gehabt haben. Er kontaktierte den Käufer und schrieb in seiner Mail: »Sie wissen schon, dass der Laserpointer nicht funktioniert.« Oh ja, antwortete der, das wisse er durchaus. Er sei ja ein Sammler von defekten Laserpointern.

Wie sich bald zeige sollte, gibt es nicht nur Sammler von defekten Laserpointern. Sondern fast alles, was sich nicht mehr benutzen lässt, hat seine Fans. Und eBay ist für diese Leute geradezu ein Einkaufsparadies. Aber nicht nur für sie. Auch du kannst bei diesen flohmarktähnlichen Plattformen erstaunliche Entdeckungen machen. Alles, was sich sonst nur schwer auftreiben lässt, wird vielleicht gerade bei eBay versteigert. Schau doch mal nach, ob schon jemand geboten hat und wie viel.

Wenn du etwas ersteigern willst, darfst du nicht zu früh dein Gebot abgeben. Am besten wartest du bis kurz vor Toresschluss ab – wie fast alle, die ein bisschen Erfahrung haben und mitbieten wollen. Vor einigen Jahren habe ich versucht, eine bestimmte Software zu ersteigern. Ich wollte besonders schlau sein und habe schon frühzeitig mal ein Gebot abgegeben. Ich glaube, ich war der zweite Bieter und wollte schon mal meinen Daumen auf die Ware legen. Sowas sollte man nie machen. Denn das sorgt zuverlässig dafür, dass irgendein anderer Amateur dich mal eben überbietet. So was treibt die Preise frühzeitig nach oben. Und am Ende bekommt ja nicht der die Ware, der möglichst lange das Höchstgebot abgegeben hatte, sondern derjenige, der ganz am Schluss das meiste Geld auf den Tisch legt.

So war es auch bei der Software. Am Ende ging es noch mal richtig rund. Da war ich schon längst ausgestiegen. Was meist sowieso die beste Entscheidung ist. Denn wenn du, sagen wir, zwei Wochen lang das Höchstgebot abgegeben hast, dann betrachtest du dich schon als Besitzer der Ware. Und wenn es ein kaputter Laserpointer ist, du willst den haben. Der ist quasi schon dein Eigentum. Tauchen dann gegen Ende der Auktion noch irgendwelche anderen Bieter auf, dann versuchst du, die um jeden Preis auszustechen. Und dann zahlst du für irgendeinen Schrott ein Vermögen. So wie ich – bei meinem zweiten Versuch, günstig an diese alberne Software heranzukommen. Das ist mir zwar gelungen. Doch was ich dafür bezahlt habe, das verrate ich nur denen, die mich für einen kompletten Idioten halten sollen. Und das sind nicht viele.

Auf der anderen Seite kannst du bei eBay eben doch unglaubliches Glück haben und wertvolle Gegenstände, ja, Kunstwerke zu einem lächerlich niedrigen Preis einsacken. Das erzählen mir zumindest einige Leute, die hin und wieder bei eBay mitbieten. Wie mein Bruder zum Beispiel. Der hat wahrscheinlich ein besseres Händchen als ich. Oder er bietet für Artikel, die wirklich nur ihn interessieren. Aber sogar in solchen Fällen musst du aufpassen, habe ich mir sagen lassen. Du kannst nämlich sogar dann mächtig draufzahlen, wenn du der einzige Bieter bist. Oder sagen wir: der einzige wirkliche Bieter. Denn es tauchen schon andere Personen auf, die mitbieten. Doch das sind die Freunde des Anbieters. Oder auch der Anbieter selbst, der unter einem anderen Namen mitbietet. Diese Leute versuchen, den Preis in die Höhe zu treiben und sich rechtzeitig zu verabschieden. Sodass du das Rennen machst und dafür zahlst. Was aber, wenn der Anbieter oder seine Freunde das Höchstgebot abgeben? Auch nicht schlimm, dann kommt die Ware eben einige Zeit später noch mal auf den Markt. Manche Anbieter ersteigern ohnehin ihre eigene Ware, wenn ihnen der bisher gebotene Preis zu niedrig erscheint. Warum setzen sie dann das Mindestgebot nicht einfach höher an? Ganz einfach: Sie wollen, dass möglichst viele in die Auktion einsteigen. Und das geht nur, wenn das Mindestgebot so niedrig ist, dass jeder sagt: »Das ist ja ein Hammerpreis. Da bin ich dabei.«

Doch wer richtig ausgebufft ist, der zieht dich noch ganz anders über den Tisch. Es gibt Anbieter, die dir in letzter Sekunde die sicher geglaubte Ware noch unter dem Hintern wegziehen. Das heißt, irgendjemand bietet angeblich mehr. Du gehst erst mal leer aus und bist tief enttäuscht. Du hattest dich doch so sehr auf das ungewöhnliche Teeservice oder die Hollywoodschaukel gefreut. Und dann das! Ein anderer hat dir diese heiß begehrte Kostbarkeit noch weggeschnappt. Da bist du schon sehr traurig. Bis du von deinem Anbieter erfährst, dass der Höchstbietende von seinem Gebot zurückgetreten ist. Du hast jetzt Gelegenheit, für ihn einzuspringen und genauso viel zu zahlen, wie er geboten hat. Vielleicht bist du hocherfreut, weil du dir schon überlegt hast: Hätte ich doch so viel geboten wie der andere! Und du schlägst sofort zu. Dabei handelt es sich um ein abgekartetes Spiel, um dir noch ein wenig mehr Geld aus der Tasche zu ziehen. Oder anders gesagt: Du sollst wieder mal verarscht werden.

# Der ganZe Rest

Hier ist es, das siebte und letzte Kapitel. Du erinnerst dich sicher noch: Das Kapitel mit dem Buchstaben Z. Denn ich wollte ja gerne sagen können: In diesem Buch geht es darum, wie wir heute verarscht werden – von A bis Z. Vom Auto bis … Die ganze Zeit habe ich mir beim Schreiben schon überlegt: Wie sollst du das letzte Kapitel nennen? Mir ist einfach nichts eingefallen. So habe ich meine Kollegen und Kolleginnen gefragt, die auch Bücher schreiben: Wie würdet ihr denn das letzte Kapitel nennen? Aber bitte mit »Z«, denn das habe ich meinen Lesern versprochen.

Ich rede ja ungern schlecht über meine Kollegen. Und noch ungerner schlecht über meine Kolleginnen. Aber ich muss sagen: Sehr viel ist denen auch nicht eingefallen. Die besten Vorschläge waren noch »Zahlen«, »Ziegen« und »Zukunft«. Doch je länger ich darüber nachdachte, umso klarer zeichnete sich ab: Nicht mal aus dem Ziegenkapitel würde was werden. Und mit Zahlen und Zukunft kenne ich mich auch nicht aus. Also musste eine andere Lösung her. Einfach und bequem. So ein Kapitel mit Themen, die ich in den vorangegangenen Kapiteln nicht untergebracht habe. Und um dem Ganzen noch ein Sahnehäubchen aufzusetzen, ist es mir doch noch gelungen, ein »Z« aufzutreiben. Zwar nicht für den Kapitelanfang, aber wir wollen jetzt mal nicht so kleinlich sein. Denn in diesem Kapitel begegnen dir noch ganz andere Kaliber. Leute, die alles Mögliche ankündigen, was dann ganz anders kommt. Oder auch überhaupt nicht. Die so tun, als wüssten sie Bescheid, dabei stehen sie völlig im Wald. Die vorgeben, Gutes zu tun, und dabei nur Schaden anrichten. Die für jeden Fehler, jeden Irrtum, jedes Unrecht eine windige Erklärung haben. Mit anderen Worten, wir reden von Politikern, von Lehrern, Anlageberatern und schließlich von den aller-schlimmsten Schurken – von uns selbst.

## Warum alle Politiker keine Ahnung haben

Gehörst du auch zu diesen Leuten, die sagen: Politikern kann man nicht trauen, sie sind böse, dumm und faul? Dann kann ich nur sagen: Du machst es dir ein bisschen einfach, mein Freund. Ein Politiker hat einen Arbeitstag, da würden wir alle in die Knie gehen, mich eingeschlossen. Ja, ich würde mich vermutlich besonders früh verabschieden. Denn was so ein Politiker zu tun hat, das ist eine ganze Menge. Und das meiste gehört zu den Dingen, die ich sehr anstrengend finde. Akten lesen, Parteifreunde reinlegen und beim Wähler gut ankom-men, das sind schon mal drei Dinge, mit denen ich persönlich völlig überfordert wäre. Aber ohne diese Fähigkeiten kannst du es vergessen mit der politischen Karriere. Gut, Akten le-sen muss nicht immer sein. Dann musst du das allerdings mit verstärkter Aktivität in den beiden anderen Disziplinen ausgleichen. Doch was vielleicht das Schwierigste ist: Als Po-litiker musst du immer so tun, als würdest du dich super aus-kennen. Dabei hast du eigentlich null Ahnung.

Wie auch? Du hast ja andere Dinge zu tun. Und wenn du dich auskennst, dann wirst du nicht Politiker, sondern Exper-te. Und Experten zeichnen sich dadurch aus, dass sie erstens über Politiker den Kopf schütteln, weil es denen selten um die Sache geht, sondern, nun ja, um Politik und ihre politische Karriere, was für sie ein und dasselbe ist. Und zweitens muss man leider sagen, dass Experten als Politiker fast immer ver-sagt haben. Vorher hat man sie noch auf Knien gebeten: Ach, geh doch in die Politik, du kennst dich so gut aus wie kein an-derer. Die meisten Experten lehnen ab. Sie reden irgendwas von ihrer Unabhängigkeit und der Freiheit der Wissenschaft. Was sie verschweigen: Als Politiker hätten sie ein viel anstrengenderes Leben. Die süßen Tage im Forschungslabor und im Elfenbeinturm wären vorüber. Und für all die Plackerei müssten sie sich noch von jedem Deppen beschimpfen lassen. Außerdem sind Experten als Politiker immer eine Fehlbesetzung.

Das zeigt sich überall dort, wo sie sich eben doch haben breitschlagen lassen und ein politisches Amt übernehmen. Die Leute glauben zu Unrecht: Wenn sich jemand in einem Thema gut auskennt, dann weiß er genau, was zu tun ist. Tatsächlich ist das Gegenteil der Fall: Die Leute, die genau wissen, was zu tun ist, kennen sich gerade nicht besonders gut aus. Und auf keinen Fall handelt es sich um Experten. Die kennen nämlich nicht nur die vielen guten Gründe für eine Sache, sondern auch alle Argumente, die dagegen sprechen. Und das sind fast immer mehr. Außerdem wissen sie nur zu gut, was alles schiefgehen kann. Wenn du so als Politiker daherkommst, kannst du gleich einpacken.

Das heißt keineswegs, dass Experten keine Vorschläge hätten, was zu tun ist. Im Gegenteil. Fast alles, was Politiker beschließen, stammt von Experten. Oder glaubst du, die Politiker setzen sich hin und denken sich Gesetze aus? Bevor ein Politiker anfängt, über eine Sache nachzudenken, hört er sich erst mal an, was die Experten dazu zu sagen haben. Und dann überlegt er: Wie kann man das, was die Experten meinen, in praktische Politik übersetzen? Diese Übersetzung besteht manchmal darin, genau das Gegenteil von dem zu tun, was die Experten empfehlen. Aber das sind sie eben, die kleinen Geheimnisse der praktischen Politik.

Doch nicht nur Experten sind als Politiker eine Fehlbesetzung. Auch Leute mit eigenen originellen Ideen können in der Politik verheerenden Schaden anrichten. Ja, vielleicht haben die sogar am allerwenigsten an den Schalthebeln der

Macht zu suchen. Denn was die Leute nun am allerwenigsten verknusen können, das ist: wenn sich etwas ändert. Genau das wollen aber Leute mit eigenen originellen Ideen. Jetzt wird alles anders! Stellt euch um! Verlasst eure »Komfortzone«! Diese Aufgescheuche geht einem doch sehr schnell auf den Geist. Es kommt noch etwas hinzu: Neue originelle Ideen sind oft gar nicht so gut, wie immer getan wird. Sie sind durchgängig noch unausgereift. Sie müssen erst von erfahrenen Politikern verwässert oder auch abgehobelt werden.

Viele Vorschläge werden mit der »Aufschrei-Methode« nachbearbeitet: Erst kommt ein Konzept auf den Tisch, das allgemeines Entsetzen hervorruft. Wer von den geplanten Regelungen betroffen ist, fängt an zu schreien und sagt den eigenen Untergang voraus, sollte das alles so beschlossen werden. Aber natürlich wird niemals alles so beschlossen. Wer am lautesten schreit, bei dem wird am stärksten nachgebessert. Wer gar nicht schreit, der bekommt stattdessen ein paar Nachteile aufgedrückt. Und wer den Vorschlag lobt? Nun, es gibt außer den Politikern niemanden, der den Vorschlag lobt. Nicht einmal die Leute, die ihre Interessen auf ganzer Linie durchgesetzt haben. Die schreien dann, dass das alles nicht genügt. »Nur das quietschende Rad wird geölt«, sagen die Amerikaner. Und du ahnst schon, wer immer viel zu wenig quietscht. Das sind wir beide.

Manche Bürger beklagen sich, dass die Politiker so unehrlich sind. Dass sie sich an ihre Wahlversprechen nach der Wahl nur dann erinnern, wenn sie nicht gewählt worden sind. Dann können sie nämlich so tun, als hätten sie ihre Ankündigungen alle wahrgemacht. Wer allerdings die Wahl gewinnt, der muss nun zusehen, wie er klarkommt. Oft stellen sich völlig neue Probleme ein. Und bei den Wahlversprechen hat man sowieso den Mund viel zu voll genommen. Man wollte ja gewählt werden.

Tatsächlich haben es Politiker immer wieder ausprobiert mit Ehrlichkeit, mit dürftigen Versprechungen, die sie wohl tatsächlich eingelöst hätten, wären sie gewählt worden. Doch das geschieht einfach nicht. Die Wähler wollen solche Politiker nicht. Sie strafen sie ab. Daher glaube ich, dass es genau andersrum ist, als uns immer wieder erzählt wird: Nicht die Politiker verarschen ihre Wähler, sondern die Wähler verarschen ihre Politiker.

# Warum Wutbürger noch weniger Ahnung haben

Es gibt immer mehr Leute, die richtig sauer sind. Auf die Politik, auf die Medien, auf irgendwelche Experten, die mit irgendwelchen unbequemen Wahrheiten daherkommen. Und dann wollen die auch noch mit ihnen diskutieren. Darauf haben die Leute, um die es hier geht, aber keine Lust mehr. Lieber wollen sie Krawall schlagen, Politiker niederbrüllen, Gutmenschen Hassmails schreiben und in den sozialen Netzwerken rumpöbeln.

Was steckt bloß dahinter? Wenn man diese Leute so hört, denkt man: Die sind arm dran. Ich meine, die sind doch nicht freiwillig so, oder? Die müssen schlimme Dinge erlebt haben. Die sind doch so was von am Ende. Zum Nachdenken haben die keine Kraft mehr. Die können nur noch ihren blanken Hass rausschreien. Diese armen Menschen aus den Randschichten unserer Gesellschaft, die sich abgehängt und allein gelassen fühlen.

Doch dann merkst du: Während es sehr vielen Menschen gerade unvorstellbar schlecht geht, stehen diese Wutbürger ziemlich komfortabel da. Von Randschicht kann da keine Rede sein, eher vom Speckgürtel. Je weniger diese Leute im Kopf haben, desto mehr Wut haben sie im Bauch, einem gut gefüllten Wohlstandsbauch.

Manche sind böse wegen der Flüchtlinge. Andere wollen keine Stromtrassen, Windräder, FKK-Clubs, Kneipen oder Kindergärten in ihrer Nähe. Klar, das sind schwerwiegende Beeinträchtigungen, wenn man seine Ruhe haben will. Aber irgendwo müssen diese Menschen und diese Einrichtungen ja hin. Und – ja, da kannst du als gutmütiger Bürger auch ganz schön verarscht werden. Wenn sie alles, was keiner haben will, vor deiner Nase bauen und dich nicht mal informieren. Denn sie wissen: Du bist viel zu nett und zu vernünftig, um so peinlich Rabatz zu machen wie diese Wutbürger, die sich für den Mittelpunkt der Welt halten. Tja, so läuft das. Die Dummen werden belohnt. Die Netten und die Nachdenklichen haben wieder einmal das Nachsehen. Das ist das Erste, was diese Wutbürger begriffen haben. Sehr viel mehr kommt allerdings nicht hinzu.

Wenn du merkst, dass irgendetwas schlecht läuft, dann versuchst du herauszufinden, woran das liegt. Du willst den Dingen auf den Grund gehen, stellst Fragen, lässt dir erklären, warum das so ist. Das bringt aber gar nichts, sagen sich die Wutbürger. Du könntest ja dazulernen, deine Meinung ändern. Oder herausfinden, dass du unrecht hast. Dass du viel zu wenig weißt, um überhaupt mitreden zu können. Dass du ein kleines egoistisches Ungeheuer bist, das sich die Welt zum eigenen Vorteil zusammenlügt.

Wutbürger wollen so was lieber nicht wissen. Sagen wir gleich: Sie wollen überhaupt nichts wissen, was nicht in ihr Weltbild passt, das von Tag zu Tag enger und stumpfsinniger wird. Und damit sind wir bei unserem Thema. Ich meine, du kannst dich von den Politikern schon verschaukelt fühlen. Auch gegenüber Experten ist Skepsis durchaus angebracht. Und was die Medien berichten, das kann sich manchmal so weit von der Wirklichkeit entfernen wie die Urlaubserzählungen deiner Freunde. Du musst diesen Leuten nicht auf den Leim gehen. Aber dann solltest du versuchen, schlauer zu sein als sie – und nicht sehr, sehr viel dümmer.

## Warum du dauernd Gebühren zahlen musst

Für alles musst du heute Gebühren zahlen: Wenn du dein Auto abstellst, werden Parkgebühren fällig. Borgst du dir etwas aus, berechnen sie dir Leihgebühren. Unterläuft dir ein Fehler, bekommst du Strafgebühren aufgebrummt. Kotzt du in die U-Bahn, ins Flugzeug oder ins Taxi, musst du die Reinigungsgebühren tragen. Und es gibt noch viel mehr Gebühren: Mahngebühren, Postgebühren, Bankgebühren, Verwaltungsgebühren, Vermittlungsgebühren, Beitrittsgebühren, Teilnahmegebühren, Anschlussgebühren, Prüfungsgebühren, Grundgebühren, Zusatzgebühren, Auslandsgebühren, Zollgebühren, Friedhofsgebühren. Für Architekten gibt es ebenso eine Gebührenordnung wie für Anwälte und Zahnärzte. Alle wollen sie Gebühren kassieren. Warum bloß? Gebühren sind hart wie Granit. Gegen Gebühren kannst du dich nicht wehren. Gebühren kannst du nicht runterhandeln. Gebühren musst du bezahlen. Ohne Wenn und Aber. Sonst gibt es gleich noch ein paar Strafgebühren obendrauf.

Bei Gebühren gibt es keinen Spielraum. Das steckt ja schon in dem Wort »Gebührenordnung«: Wenn du an einer Gebühr drehen willst, dann gerät das ganze Gebäude ins Wanken. Es ist alles festgelegt und nicht zu ändern. Du musst dich an die Spielregeln halten wie alle anderen. Bei Gebühren kannst du nicht sagen: »Ist mir zu teuer. Ich schau mich mal woanders um.«

Gebühren haben immer etwas Amtliches, Steifes und Unangenehmes. Sie sind zu »entrichten« und beziehen sich häufig auf Dinge, die du nicht unbedingt kaufen würdest. Die du eher umgehen möchtest. Ich sage nur Mahngebühr, Müllgebühr, Maklergebühr. Lästig ist auch die »Grundgebühr«, bei der immer ein wenig der Gedanke mitschwingt: Bevor überhaupt irgendetwas stattfindet, bist du schon dein Geld los. Du telefonierst nicht, gehst nicht ins Fitnessstudio, machst überhaupt nichts, aber die Grundgebühr, die musst du zahlen. So wie bei dem »Gedeck« in den feinen Restaurants: Du sitzt vor deinem leeren Teller. Das kostet schon mal was.

Noch schauerlicher ist allerdings die »Mutter aller Gebühren«, die »Verwaltungsgebühr«. Verwaltung? Das sind doch diese pingeligen Leute, die uns das Leben so schwer machen. Bei denen wir Anträge einreichen müssen, die uns zwingen, Formulare auszufüllen und in zugigen Amtsfluren zu warten. Dafür sollst du auch noch zahlen. Geld geben, damit irgendwelche blassen Bürokraten ihre Aktenordner durch die Gegend schleppen und immer frische Farbe für ihr Stempelkissen haben. Da spende ich doch lieber für den Regenwald oder den Schutz der Orang-Utans auf Sumatra.

Gebühren erheben heißt: Du lässt dir einfach alles bezahlen, was du so machst. Was zwar schon irgendwie in Zusammenhang steht mit dem, das der andere haben will. Aber freiwillig würde er dafür keinen Cent lockermachen. Dafür gibt es Gebühren. Für den, der sie entrichten muss, sind sie eine Strafe. Für den, der sie bekommt, sind sie eine Wohltat. Stell dir das mal vor: Du liegst noch im Bett und weißt, wenn gleich der Wecker klingelt, dann wird für deinen Chef schon mal eine »Aufstehgebühr« fällig. Du würdest doch ganz anders in den Tag starten. Viel beschwingter. Anschließend widmest du dich den Aktivitäten, die dich berechtigen, eine »Körperpflegegebühr« zu erheben, in der die »Mundhygienegebühr« bereits eingeschlossen ist. Zu der »Frühstücksgebühr« musst du nur noch die »Anfahrtsgebühr« hinzurechnen, und du hast dir für heute schon mal ein bequemes Finanzpolster erarbeitet. Das wäre schön. Und es wäre gerecht.

# Warum du bei Gewinnspielen immer der Verlierer bist

Herzlichen Glückwunsch, du hast gewonnen! Ein iPhone, ein Auto oder eine Reise ans Mittelmeer. Solche Mitteilungen erreichen uns ständig. Mittlerweile hat sich schon herumgesprochen, dass solche frohen Botschaften mit großer Vorsicht zu genießen sind. Vor allem, wenn du an gar keinem Gewinnspiel teilgenommen hast. Und wenn doch, dann sollte es dich stutzig machen, wenn die dir gar nicht verraten, wo du den Preis überhaupt gewonnen haben sollst. Echte Gewinnspiele und Preisausschreiben werden ja veranstaltet, weil jemand Werbung machen will. Da wirst du dauernd mit dem Namen der Firma bombardiert, die dir etwas spendiert. Wahrscheinlich musst du bei der Preisverleihung eine Baseballkappe mit dem Firmenlogo tragen. Sonst bekommt ein anderer den Rollkoffer oder das romantische Wochenende im Allgäu.

Wer dir eine Mail schreibt, um dich zum iPhone zu beglückwünschen, der will an deine Daten. Um dein Konto leer zu räumen. Oder du bekommst einen freundlichen Anruf aus einem Callcenter: Du hast einen Mercedes gewonnen und musst den irgendwo abholen. Wahlweise kannst du dir auch den Gegenwert auszahlen lassen. Was ja auch eine feine Sache ist. Leider gibt es immer irgendwelche Komplikationen. Du musst irgendwelche Reservierungsgebühren zahlen, damit dein Gewinn nicht verfällt. Solche Sachen. Dabei gibt es weder ein iPhone noch einen Mercedes. Egal, wie viel Geld du rüberschiebst, um die Sache endlich klarzumachen. Ganz anders bei der Reise. Hier kannst du tatsächlich eine Woche ausspannen und an irgendeinem Pool die Seele baumeln lassen, während bei dir zu Hause ein erfahrenes Einbruchskommando deine Wohnung nach Wertsachen durchkämmt.

Alles nicht schön. Doch wenigstens kannst du sicher sein, dass du es mit richtigen Gaunern zu tun hast, die hinter Schloss und Riegel wandern, wenn der unwahrscheinliche Fall eintritt, dass sie erwischt werden. Das sieht bei den vermeintlich seriösen Gewinnspielen schon ganz anders aus. Im Unterschied zu den Gaunerspielen, bei denen du immer der Gewinner bist, gehst du bei den seriösen Spielen immer leer aus. Es ist wie im richtigen Leben. Fast alle bekommen nichts, damit die ein, zwei Hauptgewinner umso mehr einsacken können. Das hört sich realistisch an. Und deshalb gelten diese Spiele wohl auch als so seriös. Das Lästige dabei ist nur, dass du irgendetwas dafür tun musst: Ein Rätsel knacken, einen peinlichen Film von dir drehen, persönliche Fragen beantworten, in jedem Fall aber: deine Adressdaten mitteilen. Als Teilnehmer an einem Gewinnspiel wanderst du gleich in einen Topf, ich möchte nicht sagen: der leicht beeinflussbaren Konsumidioten. Aber dass du dich auf zusätzliche Werbepost einstellen musst, das ist sicher.

Superseriöse Gewinnspiele geben dir die Möglichkeit anzukreuzen, dass du »keine weiteren Informationen« erhalten willst. Doch überleg mal: Auch damit gibst du wichtige Informationen über dich preis. Du bist einer dieser humorlosen Typen, die gleich zum Pfefferspray greifen, wenn ihnen jemand ein Werbefaltblatt überreichen will. Aber den Kleinwagen, den wollen sie natürlich gewinnen. Sag ehrlich: Hat so jemand verdient, den Hauptpreis zu gewinnen? Natürlich nicht. Wir wollen, dass die sympathischen, bescheidenen dankbaren Leute gewinnen und nicht diese gierigen Typen, die ohnehin schon alles abgreifen, was gratis von irgendeinem Baum hängt.

Sollte aber der unwahrscheinliche Fall eintreten, dass du bei einem seriösen Gewinnspiel tatsächlich etwas abstaubst, dann wirst du mit diesem Preis auch nicht immer glücklich. Manchmal musst du was dazukaufen, was richtig ins Geld geht. Du gewinnst einen Wagen und brauchst plötzlich eine Garage. Du gehst auf Weltreise und musst Urlaub nehmen. Außerdem willst du, dass deine ganze Familie mitkommt. Und plötzlich zahlst du Unsummen dazu. Aber sogar wenn dir alles spendiert wird, bleibt oft das ungute Gefühl: Du hast dir das alles gar nicht selbst verdient. Du bist nur so ein blöder Gewinner in einem Preisausschreiben. Und wenn du dann noch die Weltreise gewonnen hast, dann werden dich alle anderen Passagiere das spüren lassen. Vielleicht weiß sogar das Personal Bescheid und tuschelt hinter deinem Rücken: Der gehört hier eigentlich gar nicht her. Der könnte sich im normalen Leben hier nicht mal das Trinkgeld leisten. Willst du der Loser sein, auf den alle herabschauen, während du die ganze Welt umrundest? Natürlich nicht. Du kannst nicht mal darum bitten, dass sie dich auf den Galapagos-Inseln bei den Riesenschildkröten zurücklassen. Sie werden dich wieder einfangen, wenn du fliehst. Und sie werden dich gnadenlos wieder in den Heimathafen zurückschiffen. Wenn du das einmal mitgemacht hast, wirst du dir schwören, nie wieder an einem Gewinnspiel teilzunehmen. Denn so oder so, du bist immer der Verlierer.

## Warum alle anderen gedopt sind

Ich weiß nicht, wie es dir geht, aber wenn ich mir diese Sportveranstaltungen anschaue, dann denke ich immer: Wo ist er? Der eine, der in diesem Feld der Spitzenathleten nicht gedopt ist? Du kannst ihn dann oft ziemlich schnell entdecken: Es muss der Typ mit dem hochroten Kopf sein, der hinter allen anderen hertrabt. Mit weitem Abstand, versteht sich. Bei dem könnte ich mir vorstellen, dass der wirklich nichts eingenommen hat. Vielleicht hat er es vergessen. Vielleicht ist er auch allergisch oder kann sich das Zeug einfach nicht leisten. Vielleicht lassen die den auch einfach nur so als Kontrollgröße mitlaufen, um zu überprüfen, was diese leistungssteigernden Mittel überhaupt bringen.

Ganz schön viel, nehme ich an. Du kannst überhaupt nicht ohne, wenn du mithalten willst. Sonst würden die Sportler diese höllischen Mittel doch gar nicht schlucken, sich nicht ihr Blut abzapfen, behandeln und wieder einspritzen lassen. Und solche Sachen anstellen. Gesund ist das ja nicht gerade, und Spaß macht es bestimmt auch nicht. Doch Sportler tun so was. Und zwar aus dem einzigen Grund, weil sie gewinnen wollen. Ich glaube, du hast da gar keine Wahl als Spitzensportler. Du musst leistungssteigernde Mittel nehmen. Aber ich sage es lieber gleich: Mit leistungssteigernden Mitteln, da kenne ich mich überhaupt nicht aus. Eher mit den leistungssenkenden, den leckeren Produkten, die jedes Mal verhindern, dass ich irgendwo als Erster eine Ziellinie überquere.

Dafür würde ich jeden Dopingtest bestehen. Vielleicht geben die mir sogar noch ein paar Bonussekunden wegen der leistungssenkenden Mittel. Und ich kann beim Stadtlauf noch ein paar Plätze gutmachen, weil sie nachweisen konnten, dass ich vorher ein Schnitzel mit Pommes verdrückt habe. Schade ist nur, dass in den Regionen, in denen ich mich bewege, niemals Dopingkontrollen durchgeführt werden. Das Ergebnis könnte auch nur sein: Wenn jemand was Verbotenes eingenommen hat, dann hat es zumindest nicht gewirkt.

Bei echten Sportlern, Spitzensportlern ist das natürlich völlig anders. Da werden die Dopingkontrollen immer strenger, immer genauer und immer raffinierter. Noch nach Jahren kann man nachweisen, ob jemand was genommen hat. Und siehe da: Viele haben etwas eingenommen. Dann müssen sie ihre Goldmedaillen, Weltmeistertitel und gelben Trikots zurückgeben. Und ein anderer wird zum Sieger erklärt. Die Nummer zwei, die Nummer drei, und wenn diese Dopingtests noch genauer werden, schafft es vielleicht auch mal die Nummer 47 aufs Treppchen. Wobei die Siegerehrung natürlich nicht mehr nachgeholt wird. Diese Medaillengewinner müssen bei sich zu Hause jubeln, was schon sehr bitter ist.

Aber wenn du glaubst, dass sich nur die Spitzensportler dopen, so hast du dich getäuscht. Die Amateure machen es ganz genauso, wie erst kürzlich rausgekommen ist. Sogar Freizeitkicker aus der Kreisklasse schlucken leistungssteigernde Mittel, blasse Bürohengste pfeifen sich was rein, damit sie beim Firmenlauf den Kollegen davontraben. Und im Fitnessstudio triffst du auf Leute, die haben mehr Hormone gefressen als jeder Schlachtbulle.

Wieso machen die das? Vielleicht wollen die einfach nur, dass ihre Mitmenschen anerkennend nicken und sagen: »Mensch, der Herr Dröse, der ist ja gar nicht so eine Lusche, wie ich immer gedacht habe.« Vielleicht brauchen die in diesen harten Zeiten auch mal ein Erfolgserlebnis. Im Beruf ist das gar nicht mehr so leicht zu bekommen. Also müssen sie das in ihrer Freizeit irgendwie aufholen. Sie bewaffnen sich mit Pulsuhren und anderen Messgeräten, mit denen sie ihre Leistungen aufzeichnen können. Die Ergebnisse können sie an ihr Smartphone senden. Ein App wertet die dann aus, hält den Trainingsfortschritt fest und entwirft einen Trainingsplan. Damit sie immer besser werden. Vor allem aber können sie sich über ihre Leistungen mit anderen »austauschen«. Da gibt es dann eine Tabelle. Und du kannst sehen, wo du stehst. Klar, dass alle, die diese App nutzen, ganz nach oben wollen. Und für dieses gute Gefühl nehmen sie Substanzen ein, die ziemlich schlecht für sie sind.

Aber wenn du glaubst, dass nur im Sport gedopt wird, so hast du dich getäuscht. Manche putschen sich auf, um im Beruf voranzukommen. Andere schlucken verbotene Pillen, weil sie sich dann besser konzentrieren können. Auf Prüfungen vorbereiten. Oder tagelang durchlernen. Oder alle Folgen ihrer Lieblingsserie hintereinander weg schauen können. Und dann gibt es natürlich noch die, die sich dopen, um gut drauf zu sein. Dafür gibt es zwar immer weniger Grund, aber immer bessere Mittel.

Nun ist gute Laune ja eigentlich eine feine Sache in unserer trübsinnigen Welt. Das Problem ist nur, wenn sie nicht echt ist. Dann geht sie den anderen, die noch bei klarem Verstand sind, umso stärker auf die Nerven. Aber auch für diejenigen, die sich mit den Pillen auf der Sonnenseite des Lebens halten wollen, gibt es zwei gewaltige Nachteile. Sie können gar nicht mehr richtig einordnen, in was für einer miserablen Lage sie eigentlich stecken. Richtig bitter aber ist: Ohne die kleinen Helfer geht es umso schlimmer abwärts.

Lass dir nichts vormachen: Gerade die Leute, die so kraftvoll und beschwingt vorwegstürmen, sind oft diejenigen, die sich am stärksten vollgepumpt haben. Mit denen können wir nicht mithalten. Wir meinen, wir wären gehemmte, schlaffe Trauerklöße ohne Ideen und voller Selbstzweifel. Dabei sind wir die Normalen, vielleicht sogar die eigentlichen Champions in unserer Disziplin. Die anderen müssten nur mal von einer strengen Dopingbehörde aus dem Verkehr gezogen werden. Wer weiß, vielleicht wirst du dann nachträglich zum Chef erklärt, bekommst mit deinem 3,1-Abi noch einen Medizinstudienplatz oder es wird eine Schule nach dir benannt. Doch bis dahin müssen wir noch wie dieser Typ mit hochrotem Kopf hinter den anderen hertraben.

## Warum du dein Geld immer falsch anlegst

Sparst du was? Sorgst du vor? Hast du Geld auf der hohen Kante? Die Statistiken sagen, dass die Deutschen eigentlich eher sparsame Leute sind, die nicht alles auf den Kopf hauen und shoppen, bis die Kreditkarten glühen. Die Deutschen sind lieber vorsichtig und kaufen deshalb auch ungern Aktien. Denn die verlieren immer wieder mal an Wert, ehe sie sich erneut in schwindelerregende Höhen hinaufwinden, was immer ein zuverlässiges Zeichen dafür ist, dass es demnächst wieder steil bergab geht.

So was ist den Deutschen nicht geheuer. Lieber bringen sie ihr Geld aufs Sparbuch, wo es ganz von alleine stetig an Wert verliert. Da geht erst mal gar nichts mehr aufwärts. Du kannst das jetzt ständig in der Zeitung lesen. Es gibt keine Zinsen mehr, sparen kannst du vergessen. Vielleicht gibt es sogar Negativzinsen. Dann wird sparen bestraft. Du musst deiner Bank etwas dafür zahlen, dass sie dein Geld nimmt.

Das klingt nicht gerade nach einem verlockenden Geschäft. Und so verfallen manche auf einen raffinierten Trick: Sie geben ihr Geld einfach aus. Was weg ist, ist weg und kann nicht mehr an Wert verlieren. Dumm nur, dass du dann nichts mehr hast. Und was du dir vorher gegönnt hast, Möbel, Handy, Urlaubsreise, das kannst du entweder gar nicht verkaufen. Oder du bekommst dafür vielleicht noch einen fleckigen Apfel und ein faules Ei.

Keine guten Aussichten. Und deshalb versuchen dir jetzt alle möglichen Leute einzureden, wo du dein Geld stattdessen hinstecken sollst. Zum Beispiel in Schiffsbeteiligungen. Du kaufst dir ein riesiges Containerschiff, das irgendwo unter der Flagge einer dubiosen Steueroase in den Weltmeeren unterwegs ist und jede Menge Geld abwirft. So ist das nämlich bei den Steueroasen: Da müssen die Reichen keine Steuern zahlen, sondern bekommen sogar noch was raus, wenn sie so was Nützliches kaufen wie zum Beispiel ein Containerschiff. Natürlich ist ein Containerschiff viel zu teuer für einen allein. Deshalb teilst du dir es ja auch mit vielen, vielen anderen, die ebenfalls auf diese Geschichte reingefallen sind. Denn Steuersparmodelle sind vielleicht was für Apple, aber nichts für Kleinsparer wie du und ich. Die Menschen, die sich so was ausdenken, rechnen einfach damit, dass die Leute hören »Steuern sparen« oder sogar »steuerlich gefördert« – und sich augenblicklich ihr Verstand abschaltet. Denn Steuern, die will man nicht zahlen. Lieber will man in den großen Steuertopf hineingreifen und etwas für sich abzweigen, Wenn du es geschafft hast, dich »steuerlich fördern« zu lassen, dann bist du wirklich bei den ganz ausgebufften Finanzprofis angekommen. Zumindest sollst du dich so fühlen. Und deshalb lässt du dir so ein Zeug andrehen.

Vielleicht kaufst du auch ein Haus oder eine Eigentumswohnung. Das sind echte Sachwerte, weshalb sie auch gerne »Betongold« genannt werden. Tatsächlich haben einige clevere Leute den Beton ihrer Häuser in Gold verwandelt. Aber nur weil sie jemanden gefunden haben, der ihnen die Immobilie für einen Irrsinnspreis abgekauft hat. Dich zum Beispiel. Weil du dein Geld nicht der Bank geben möchtest, nicht den Containerschiffen und es auch nicht an der Börse verjubeln willst. Und die Bedingungen für einen Kredit sind so günstig wie noch nie. Also kannst du richtig viel Schulden aufnehmen, wie das die ausgebufften Finanzprofis heute alle machen. Du kaufst dir ein richtig schönes Häuschen. Die Zinsen sind ja so niedrig. Wenn die Zinsen irgendwann wieder raufgehen, musst du allerdings so viel zahlen, dass du dir dein Häuschen nicht mehr leisten kannst. Wenn es richtig dicke kommt, dann gehört dein Haus jetzt der Bank und du hast Schulden, obwohl du jahrelang abbezahlt hast. Noch schlimmer trifft es eigentlich nur die, die sich eine vermietete Wohnung andrehen lassen. Mit leuchtenden Augen lassen sie sich Jahresmiete und Steuervorteile vorrechnen. Außerdem gefällt ihnen die Vorstellung, dass sie jetzt Vermieter sind. Das klingt nach Macht,

Wohlstand und Sicherheit. Alle drei Vokabeln kannst du aus deinem Wortschatz streichen, wenn du eine Eigentumswohnung gekauft hast. Dann stellst du fest: So eine Wohnung kostet manchmal mehr, als sie einbringt. Es gibt Mieter, die Ärger machen und die du nie wieder loswirst. Und schließlich hast du als Vermieter jede Menge Verpflichtungen, sodass du die Wohnung am liebsten wieder loswerden möchtest. Doch seltsam, niemand will sie kaufen. Nicht mal zu dem Verzweiflungspreis, zu dem du sie jetzt anbietest.

Bleibt als letzte Möglichkeit doch noch die Börse. Aktien bringen langfristig am meisten Gewinn. Du musst nur die richtigen Aktien zum richtigen Zeitpunkt kaufen. Das Problem dabei ist, dass du das immer erst hinterher weißt. Dabei scheint es doch gar nicht so schwer zu sein: Du kaufst Aktien, wenn der Kurs niedrig ist. Und du verkaufst sie wieder, wenn sie hoch im Kurs stehen. Doch seltsam, seltsam, meist läuft es genau umgekehrt. Und warum? Wenn die Aktienkurse im Keller sind, jammern alle rum. Aktien? Die taugen nichts, sagt jeder. Wenn die Kurse fallen, verlierst du ständig Geld. Zumindest stellst du dir das so vor. Denn deine Aktien sind immer weniger wert. Davon noch mehr kaufen?! Dann musst du ja bescheuert sein. Schlimm genug, dass du auf diesen Aktienhype reingefallen bist. Außerdem hast du gar kein Geld mehr, noch irgendwelche sogenannten Wertpapiere zu kaufen. Vielleicht brauchst du sogar welches. Und das Erste, was du dann verkaufst, das sind diese Scheißaktien!

Aber dann, wenn niemand damit rechnet – am allerwenigsten die Börsenexperten –, dann klettern die Kurse doch. Keiner weiß warum. Vielleicht gibt es sogar irgendwo Krieg, die Arbeitslosigkeit steigt oder ein wirrer Politiker kommt an die Macht. Alles gute Gründe, warum in anderen Zeiten die Kurse purzeln. Doch jetzt ist es mal anders. Irgendein Experte wird uns schon erklären, warum das so ist. Du stimmst ihm zu, denn deine Aktien gehen gerade durch die Decke. Du fühlst dich gut. Du bist ein Anlageprofi. Du könntest vielleicht sogar Seminare geben: Reich werden mit der richtigen Börsenstrategie. Aber jetzt die Aktien verkaufen?! Die Papiere, die dir so viel Gewinn beschert haben? Du meldest dich doch nicht beim Erfolgsclub ab, wenn der gerade durchstartet. Nein, gerade jetzt behältst du deine Lieblinge, die dir so sehr ans Herz gewachsen sind. Ein paar Wochen gibst du im Bekanntenkreis noch ein paar sichere Anlagetipps, bis die Kurse wieder einbrechen – und alle dich für einen kompletten Schwachkopf halten, du selbst eingeschlossen.

Noch schlimmer trifft es dich eigentlich nur, wenn du dem Rat der Experten folgst. Die kennen sich aus, denkst du. Die lassen sich für ihre Tipps mitunter sogar bezahlen. Beides stimmt. Doch leider stimmt auch eine dritte Sache: Experten können den Verlauf der Kurse so was von überhaupt nicht voraussagen. Wenn du einen betrunkenen Schimpansen mit Dartpfeilen auf die Börsenzeitung werfen lässt und die Wertpapiere kaufst, die er trifft, hast du bessere Chancen, Gewinn zu machen, als wenn du auf den Experten hörst. Das ist schon so oft überprüft worden, mit Affen, Tintenfischen und Kamelen. Ich frage mich allmählich, warum sich die Zoos nicht eine lukrative Nebenerwerbsquelle erschlossen haben.

Am Ende kannst du dich bei der Geldanlage wirklich nur auf eine Sache verlassen: Alle, die hier ihre Finger im Spiel haben, wollen dich über den Tisch ziehen.

## Warum die Lehrer die Zukunft deiner Kinder versauen

Liebe Eltern! Es gibt Lehrer, die hassen Kinder. Warum sind sie dann bloß Lehrer geworden?, fragst du dich vielleicht.

Keine Ahnung, Polizisten ergreifen ihren Beruf ja auch nicht, weil sie Gauner so sympathisch finden. Sie wollen die einfach nur hinter Schloss und Riegel bringen. Vielleicht genügt das erst mal als Erklärung. Denn viel beunruhigender ist etwas anderes: Ganz besonders hassen sie nämlich deine Kinder. Das erzählen die dir jeden Tag. Jawohl, deine lieben, klugen, wohlerzogenen Kinder. Denen machen diese Horrorpädagogen das Leben zum Albtraum.

Bei Klassenarbeiten ziehen sie grundsätzlich die Fehlergrenze dort, wo dein hochbegabtes, aber unterfordertes Kind entlangbalanciert. Und sie sorgen immer dafür, dass es die schlechtere Note bekommt. Einen halben Punkt mehr, und es hätte noch für eine Drei gereicht, erzählt dir dein Kind. Oder meinetwegen für eine Vier. Oder wenigstens für eine Fünf. Meine Güte, eine Fünf! Die kann man doch wirklich mal geben, wenn dadurch eine Sechs vermieden wird. Auch wenn deine Kinder ein leeres Blatt abgegeben haben, so haben sie es doch immerhin abgegeben und nicht irgendetwas damit angestellt. Ein Fleißpunkt wäre da ja wohl mindestens fällig. Andere Kinder bekommen doch dauernd Fleißpunkte, erzählt dein Kind.

Kommt dein Kind zu spät zum Unterricht, kann es sagen, was es will, der Lehrer glaubt ihm nicht. Dass ihm ein Hund vors Fahrrad gelaufen ist, die alte, blinde Nachbarin im Rollstuhl seine Hilfe brauchte, dass der Schulbus zu früh gekommen ist und ihm daher vor der Nase weggefahren ist. Dass es zu Hause im Fahrstuhl stecken geblieben ist. Dass die Polizei die Straße zur Schule gesperrt hat und es deshalb einen Umweg nehmen musste. Dass sein Bruder ihm den Wecker geklaut hat. Dass es noch an einer Fahrgastbefragung teilnehmen musste. Dass jemand Glasscherben auf den Fahrradweg gekippt hat und es deshalb einen Platten bekommen hat. Dass es mit einem Filmschauspieler verwechselt wurde und es unendlich lang gedauert hat, die Sache klarzustellen.

Nicht eine einzige Begründung geht bei so einem Lehrer durch. Dabei denkt sich doch so was niemand aus.

Und reden wir nicht vom Sportunterricht. Dein Kind beherrscht so viele Sportarten. Indiaca, Bowling, Rückwärtslaufen und beim Schwimmen: Toter Mann. Doch meinst du, eine einzige von denen käme im Sportunterricht dran? Dieser Sportlehrer weiß ganz genau, wo bei deinem Kind die Schwachpunkte liegen. Und genau da macht er dann die Noten, berichtet dein Kind unter Tränen. Ist das fair? Ich meine, jeder hat doch seine ganz eigenen Talente. Verlangt jemand von Steffi Graf, dass sie gut im Gewichtheben ist oder am Stufenbarren? Natürlich nicht, da reicht es, dass die gut im Tennis ist, und die bekommt ihre Eins. Nur deine Kinder, die müssen natürlich wieder alles können.

Aber hast du mal die Klausuren gesehen? Die sind der Hammer. Da werden Dinge abgefragt, die wissen nicht mal Nobelpreisträger. Zumindest Friedensnobelpreisträger. Die Lehrer aber, die machen es sich wieder mal einfach. Die können nicht richtig erklären, erzählt dein Kind jeden Tag. Und wenn es einmal höflich nachfragt, dann heißt es nur: Schau doch im Internet nach! Dabei wollen es diese Lehrer immer ganz genauso haben, wie es in irgendwelchen Lehrplänen steht. Sagt dein Kind. Und wenn dein Kind es viel besser erklärt, dann wird das nicht etwa belohnt, sagt dein Kind. Nein, dann gibt das Punktabzug!

Das alles könnte dir ja egal sein. Ich meine, die Schule, die darf man ohnehin nicht so ernst nehmen. Wie viele berühmte Leute waren Schulversager? Ich sage nur: Einstein, Nena, Niki Lauda, und du selbst warst vielleicht auch nicht auf der Überholspur unterwegs. Aber deine Tochter, die will nun mal Hirnchirurgin werden. Und da braucht man eben diesen Schnitt, diesen Notendurchschnitt von eins Komma irgendwas. Aber leider hat sie nur einen Schnitt von irgendwas

Komma eins. Und das alles nur, weil diese bösartigen Lehrer unseren Kindern ihre glänzende Zukunft verbauen. Da fühlt man sich als Eltern doch verarscht. Von den Lehrern. Oder sollten dich deine Kinder vielleicht ein ganz klein wenig beschwindelt haben?

## Warum auch Biohühner im Käfig wohnen

Ernährst du dich bio? Das ist wirklich nicht übel. Endlich mal jemand, der bereit ist, etwas gegen die Zerstörung unserer Umwelt zu tun. Nämlich ein paar Kröten mehr in den Topf zu füllen von denen, die angetreten sind, die Welt zu retten. Also, wenn du mich fragst, ich finde, das ist erst mal eine feine Sache.

Aber weil das so viele Leute für eine feine Sache halten, wirst du wieder mal nach Strich und Faden verarscht. Tut mir leid, das sagen zu müssen. Klar, es gibt sie natürlich auch, die idealistischen Biobauern, bei denen die glücklichsten Geschöpfe auf dem Hof tatsächlich die Hühner sind. Hühner – das sind die Kreaturen, die in der Tabelle der Tiere, die am schlimmsten misshandelt werden, zuverlässig einen der vorderen Plätze belegen.

Doch immer wenn es darum geht, Geld zu verdienen, mehr Geld als die anderen, kommt zuverlässig unser Lieblingsthema ins Spiel. Wenn richtig viele Leute die industrielle Landwirtschaft ablehnen, dann wird das die Welt zum Besseren verändern – könnte man vermuten. Tatsächlich verändert es die Welt ein Stückchen mehr in Richtung Verarschung. Denn dann lohnt sich die Sache überhaupt erst.

Es ist nämlich so: Biohühner, Bioeier und Bio-Irgendwas liegen im Trend. Immer mehr Leute wollen so was kaufen, sodass die glücklichen Hühner die Sache alleine nicht packen. Es gibt einfach zu wenige von ihnen. Und die sind auch noch so teuer. Also wird gemogelt. Käfighühner werden posthum zu vollwertigen Biohennen geadelt. Dann gibt es plötzlich genug davon. Und jeder kriegt sein Biohuhn, auch wenn er nicht ganz so viel dafür ausgeben möchte. Dabei kostet Mogeln natürlich Geld. Aber solange es günstiger ist, die Behörden und die Verbraucher an der Nase herumzuführen, als noch weitere Hühner glücklich zu machen, werden dir mehr und mehr elende Käfigvögel als Biofleisch untergeschoben.

So was fliegt immer irgendwann auf. Weil einer auspackt. Oder weil Reporter mal nachhaken, denen es irgendwie verdächtig vorkommt, dass es so viel Biofleisch gibt – und so wenige Biotiere. Dann ist der Aufschrei groß. Und alle sagen: Bio ist Betrug. Kauft lieber das ehrliche Billigfleisch. Da weiß man wenigstens, dass da Hormone und Antibiotika drin sind. Und man spart eine Menge Geld. Dummerweise trifft die ganze Aufregung auch den aufrechten Biobauern mit seinen gepunkteten Wollschweinen und frei laufenden Landhühnern. Eigentlich müsste der doch davon profitieren, wenn die schwarzen Schafe ertappt werden. Aber häufig ist das gar nicht so. Denn die Leute wissen ja nicht, wer schummelt und wer ehrlich ist. Dem Schnitzel siehst du ja nicht an, ob das Tier seine Tage wirklich auf einem Biobauernhof verbracht hat.

So ist das leider auch bei Produkten, von denen du hoffst, dass sie nicht unter diesen schrecklichen Bedingungen hergestellt worden sind, die man immer wieder im Fernsehen sieht. Klar, bei den Billig-billig-Produkten ist das so. Aber wenn die Sachen schon bedeutend teurer werden, dann denkst du dir: Von dem Geld werden die Firmen den Arbeitern schon was abgeben. Doch dummerweise machen die das nicht. Zumindest wenn es sich irgendwie umgehen lässt. An dem teuren Kostüm klebt genauso viel Blut wie am Fünf-Euro-T-Shirt. Und von deinem schicken Smartphone will ich gar nicht erst anfangen. Wenn diese Dinge etwas mehr kosten, dann bekommen das nicht die armen Näherinnen und die geschundenen Wanderarbeiter. Sondern das Geld fließt mal wieder in die Taschen der bösen alten weißen Männer, die sich ihre goldenen Nasen weiter vergolden am Elend der Welt.

Wenn du das nicht willst, dann kaufst du fair gehandelte Produkte. Da landet dein Geld oder zumindest ein Teil davon direkt bei den Kleinbauern. Es werden Schulen und Brunnen gebaut. Solche Sachen. Das klingt doch mal ganz gut. Tatsächlich kaufen viele Leute das faire Zeug und fühlen sich gut. Das ist doch die Hauptsache, sagen sich die Leute, die mit diesem Trend gut Geld verdienen wollen. Und dann läuft es genauso wie bei den Biohühnern, von denen es auch nicht genug gibt, um die Nachfrage zu stillen. In unserer Welt existiert einfach zu wenig Fairness. Also nimmt man die fiesen Arbeitsbedingungen, die man heute an jeder Ecke findet, schminkt sie ein bisschen und erklärt das Ganze vollmundig zu einer Supersache.

## Warum wir uns alle selbst verarschen

Es ist ja nicht so, dass nur die anderen uns verarschen. Am meisten verarschen wir uns selbst. Das ist dann aber eine ganz andere Sache. Denn während du immer im Nachteil bist, wenn dich die anderen verarschen, hat es fast nur Vorteile, wenn du dich selber verarschst.

Aber Verarschung, die geschieht doch immer auf Kosten von jemandem. Der wird belogen, reingelegt, ihm werden irgendwelche Märchen aufgetischt, damit der andere ungeschoren davonkommt. Nun, das ist vollkommen richtig. Du wirst wieder mal reingelegt. Du darfst aber eines nicht vergessen: Wenn du dich selbst verarschst, dann sitzt du auf beiden Seiten des Tischs, über den du dich ziehen willst. Klingt kompliziert, ist aber ganz einfach und passiert eigentlich jeden Tag.

Bei mir ist das so: Wenn ich irgendetwas vergeigt habe, dann weiß ich schon mal eins: An mir lag es nicht. Es lag an den anderen. Immer. Die haben mich wieder mal hängen lassen. Oder es war Zufall. »Shit happens«, sagt man ja auch. Wenn du dich um jeden Scheiß kümmern willst – bitte schön. Für mich ist das Thema erledigt. Manchmal geht eine Sache schrecklich schief, die ich angeleiert habe. Das muss ich sagen. Aber das konnte ich doch nicht ahnen. Denn hellsehen kann ich nicht. Außerdem: Wenn ich nicht gewesen wäre, dann wäre alles noch viel schlimmer gekommen. Ja, ganz ehrlich, wir haben sogar noch Glück gehabt. Ich kenne Fälle, da wären die Leute froh gewesen, wenn sie mit so einem dunkelblauen Auge davongekommen wären wie wir. Und ich kenne diese Fälle gut. Denn sie gehen sämtlich auf meine Kappe.

Liege ich auf der faulen Haut, muss ich mich dringend ausruhen. Von irgendeiner stressigen Unternehmung, die irgendwann mal stattgefunden hat. In meinem Leben. Oder in irgendeinem Leben davor. Auf jeden Fall brauche ich jetzt Ruhe und Entspannung, Kinder, während ihr schon mal weiterschuften könnt.

Manchmal nehme ich mir etwas vor, das dann kläglich versandet. Und da rede ich noch gar nicht von den Büchern, die ich alle noch schreiben werde, den tollen Ideen, die alle in meinem Kopf herumkreisen, aber niemals rauskommen, und den Filmen, die ich alle noch drehen werde, sobald ich das Millionenbudget lockergemacht habe (wie macht man eigentlich ein Millionenbudget locker?). Sondern ich rede von ganz banalen Dingen, mit denen man nicht mal glänzen könnte. Würde man sie tun. Aber ich kann mich nicht mal aufraffen, den ersten Schritt zu machen. Ich muss noch nachdenken, planen, Leute fragen, googeln. Und dann wieder nachdenken. Und planen, Leute fragen und googeln. Ich bin aber überzeugt, auf einem guten Weg zu sein – wenn ich ihn erst mal mache, den ersten Schritt. Dann läuft alles wie von selbst. Muss es auch. Denn wenn der zweite Schritt genauso mühsam wird wie der erste, dann kann sich das alles noch hinziehen ...

Es gibt Leute, die halten so was für eine ziemlich schwache Nummer. Sie meinen, wir müssten »Verantwortung übernehmen«. Verantwortung für unser Leben, Verantwortung für unsere Schwächen, Verantwortung für uns selbst. Keine Ausflüchte mehr. Also, wenn du mich fragst, halte ich das für keine gute Idee. Überleg mal: Wenn du Verantwortung für dein Leben übernimmst, was du dann alles an der Backe hast. Wofür du mit einem Mal zuständig bist. An allem, was nicht gut läuft in deinem Leben, bist plötzlich du selber schuld. Oh, das ist kein gutes Gefühl. Außerdem stimmt das nicht. Wie jeder weiß, der nur ein bisschen darüber nachdenkt. Dem fallen doch sofort drei, vier, fünf andere ein, die ihre Finger im Spiel hatten.

Verantwortung übernehmen, das hört sich unglaublich reif und erwachsen an. Ist es aber gar nicht. Du bekommst einfach nur noch einen Korb von schwer lösbaren Aufgaben aufgeladen. Denn wenn du für etwas verantwortlich bist, das du nicht gut findest, das dich stört und quält, dann bringst du das jetzt eben in Ordnung. Klingt erst mal gut, klappt aber nicht. Und das ist der Haken bei der Sache. Du vergeigst immer noch wichtige Dinge, liegst immer noch auf der faulen Haut. Und deine Schwächen und schlechten Angewohnheiten, die bist du immer noch nicht los. Und dabei haben wir noch gar nicht über die Dinge gesprochen, an denen wirklich die anderen schuld sind. Du machst dich zu deinem eigenen Sündenbock, du Esel.

Dabei kommst du doch viel entspannter durchs Leben, wenn du dir sagst: Also falls hier irgendetwas schiefläuft, dann liegt es schon mal nicht an mir. Du musst dich nicht ändern, du musst nicht zerknirscht sein, du musst niemanden um Entschuldigung bitten. Und du kannst dir immer noch einreden, dass du ein Supertyp bist. Dann ist sie dir wirklich gelungen: die größte Verarschung von allen.